Anjana Gill

Danke für die wunderbare Lösung

Anjana Gill

DANKE
FÜR DIE WUNDERBARE
LÖSUNG

Mit dem **Universum**
löst du jedes Problem

Omega

Omega-Verlag ist ein Imprint des Verlages »Die Silberschnur« GmbH
Copyright © 2021 Verlag »Die Silberschnur« GmbH

ISBN: 978-3-96933-005-0

1. Auflage 2021
2. Auflage 2022

Gestaltung & Satz: XPresentation, Güllesheim
Umschlaggestaltung: XPresentation, Güllesheim; unter Verwendung verschiedener Motive von © redchocolatte, © KatyaKatya und © dinkoobraz; www.adobestock.com und © Natasha Pankina, © mhatzapa, © Devita ayu silvianingtyas, © Nikolaeva; www.shutterstock.com
Druck: Finidr, s.r.o. Cesky Tesin

Verlag »Die Silberschnur« GmbH · Steinstraße 1 · D-56593 Güllesheim
www.silberschnur.de · E-Mail: info@silberschnur.de

Probleme kann man niemals
mit derselben Denkweise lösen,
durch die sie entstanden sind.

– Albert Einstein –

Einleitung

Das kennst du bestimmt auch: Immer wieder begegnen wir in unserem Alltag Problemen und Hindernissen – und manchmal wissen wir einfach nicht, was wir tun oder wie wir uns entscheiden sollen. Wie wir Dinge lösen können.

Aber keine Sorge, es gibt eine Lösung, mit der sich unsere Probleme einfach in Luft auflösen!

Wir können zwar nicht verhindern, dass es Probleme und ärgerliche oder verwirrende Situationen in unserem Leben gibt und auch immer wieder geben wird. Aber wir können unseren Umgang damit verändern – und darin steckt auch schon ein Teil der Lösung!

Das Geheimnis ist, dass du dich nicht auf die Schwierigkeiten konzentrierst, sondern deinen Fokus ganz gezielt auf die Lösung beziehungsweise dein gewünschtes Ergebnis richtest. Aber das brauchst du nicht alleine zu tun – das Universum hilft dir dabei!

Die Lösungsformel lautet: **Die richtige Vorstellungstechnik, die perfekte Formulierung** mit den **passenden Universumswörtern** plus ein paar **»Spielchen mit dem Universum«**. Das stoppt jede negative Entwicklung. Du kannst damit die Entwicklung der Ereignisse umdrehen, und dein Problem beginnt, sich zu lösen – aufzulösen.

Bis jetzt haben wir uns immer mal wieder in Situationen wiedergefunden, in denen wir – meist völlig unbewusst – in eine für uns sehr ungünstige Denkschleife geraten sind. Das kennst du ja bestimmt auch, oder? Wir wundern uns dann, warum das mit der Wunscherfüllung und der Manifestation von guten Dingen irgendwie nicht klappen will oder lange dauert. Unsere Probleme scheinen nicht kleiner zu werden, sondern oft sogar noch größer!

Das muss nicht sein. Und die Lösung dafür ist auch noch sehr einfach – das kann jeder von uns! Egal, welches Problem uns beschäftigt, ob du nun einen besseren Job suchst, ein höheres Einkommen brauchst, eine Scheidung/Trennung verarbeiten musst, dich zu dick fühlst, dir ein Kind wünschst, mehr Aufträge brauchst, eine Absage bekommen hast, einen Rückschlag in einer Angelegenheit verkraften musst, dir Sorgen um deine Lieben machst oder um den Zustand der Welt. Egal, was es ist: Wir können mit unserer Formel beginnen, unsere Probleme zu lösen!

Wir müssen dabei nur einige Dinge beachten, z. B. auf die Zeichen des Universums achten und darauf achten, dass wir nicht in negative Denkmuster zurückfallen und uns damit selbst schwächen. Denn wenn wir auf ein Problem jedes Mal genervt, frustriert oder traurig und sorgenvoll reagieren, werden wir es niemals lösen und uns unsere Wünsche auch nicht erfüllen können. Diese negative Energie entfernt uns sogar immer weiter von jeder Erfüllung.

Ich zeige dir das gleich an **50 typischen Beispielen aus unserem Leben.** Aber hier vorab schon mal ein Beispiel: Vielleicht hast du, wie Zehntausende anderer auch, das Problem, dass du keine passende Wohnung findest. Für dich ist das die Ist-Situation. Du suchst und suchst, aber es scheint einfach nichts Passendes auf dem Markt zu sein. Die normale Reaktion darauf ist, dass du in eine negative Denkschleife gerätst: Du sprichst mit deinen Freunden und Kollegen darüber, wie schwer die Wohnungssuche ist, du liest im Internet Artikel darüber und fühlst dich von allen Seiten bestätigt.

Meinst du, so findest du die passende Wohnung für dich? Sicher nicht. Denn du befindest dich durch dein negatives Denken in einem echten Wunschverhinderungskreislauf. Aber glücklicherweise kann man diesen ziemlich leicht unterbrechen: **Einfach indem wir nicht länger blind in jede Denkfalle hineintappen und unseren Fokus nicht länger auf das Problem richten.**

Denn solange wir uns mit dem Problem beschäftigen, kommen wir nicht weiter.

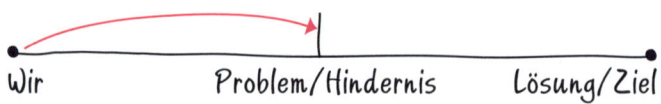

Wir   Problem/Hindernis   Lösung/Ziel

Das Problem stellt sich wie eine Mauer zwischen uns und die Lösung/unser Ziel. Solange wir uns nur mit dem Problem beschäftigen, werden wir an dieser Mauer hängenbleiben – wir werden diese Mauer, dieses Problem, nicht überwinden.

Was wir tun müssen, ist dies: Wir können gedanklich über das Hindernis, das Problem, hinwegspringen. **Wir können nur mit unseren Gedanken die Lösung in Gang setzen – und natürlich mit freundlicher Unterstützung des Universums.**

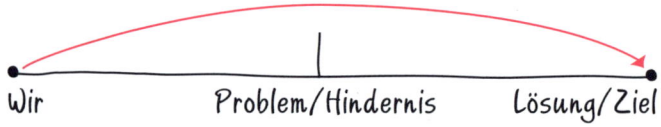

Wir   Problem/Hindernis   Lösung/Ziel

Was dann passiert? Du wirst vom ersten Tag an feststellen, dass sich die Dinge beginnen zu verändern. Vom ersten Tag an! Das geht so schnell – man wundert sich immer wieder.

Der Hintergrund ist, dass wir nicht immer wieder in niedrige Energien abrutschen. Denn niedrige Energien werden keine goldenen Zeiten, keine Lösungen anziehen. Niedrige Energie zieht niedrige Dinge an – aber sicher nicht das, was wir möchten. Niedrige Energie schwächt uns und zieht uns runter. Theoretisch wissen wir das inzwischen alle.

Die Frage ist aber immer wieder: Wie können wir es in der Praxis vermeiden, in diese niedrigen Energien abzurutschen, wenn wir in der wirklichen Welt doch ständig irgendwelchen Sorgen, Problemen und Ärger begegnen?

Viele von uns machen Yoga und meditieren, aber von der Erleuchtungsstufe sind wir meistens trotzdem noch etwas entfernt. Tatsache ist, dass sich die Lösung unserer Probleme in einem höheren Energielevel abspielt. Die Frage lautet also: Wie können wir – also du und auch ich, jeder Einzelne von uns – unser eigenes Energielevel hoch halten?

Ganz einfach: Indem wir uns nicht »runterziehen« lassen. Von nichts und niemandem, von keinen Sorgen und Problemen. Du hast immer eine Wahl, wie du reagierst – entweder läufst du gegen die Mauer oder du überwindest dieses Hindernis und kommst mühelos zum Ergebnis, zur Lösung.

Wie wir das machen? Das zeige ich dir jetzt. Schon nach einigen Seiten wirst du das Prinzip, das hinter den Lösungen steckt, verstehen und kannst es dann **auf alle deine eigenen Probleme oder Hindernisse anwenden** – egal, wie klein oder groß sie auch sein mögen. Das Prinzip funktioniert nämlich immer auf ähnliche Weise. Deshalb ist es auch so einfach.

Wetten, in kürzester Zeit sieht dein Leben ganz anders aus? Es gibt nichts, das wir nicht ändern könnten ...

Los geht's, liebes Universum,
wir lösen unsere Probleme auf.
Danke dafür.

Was wäre, wenn ...

Irdisches Problem

Eine Freundin/Freund hat dich verraten.
Du bist darüber sehr unglücklich und wechselst
zwischen Hassgefühlen und Traurigkeit.

Universumslösung:

Vorsicht vor diesen Gefühlen. Sie sind meist sehr intensiv
und schaden dir sehr. Sie schwächen dich und lassen
deine Energie in den Keller rauschen. Halte dich möglichst
nicht lange in diesem Gefühl auf. Eine »Ent-täuschung«
ist das Ende einer Täuschung. Du hast etwas gesehen,
das so nicht da war. Das ist nun vorbei. Du siehst wieder
klar – und das ist etwas Gutes.

Die richtige Vorstellungstechnik:

Stell dir vor, wie du Zeit mir einem echten Freund, einem
Seelenfreund, verbringst – wie ihr zusammen lacht und
zusammenhaltet.
Stell dir gedanklich vor, wie dein Herz eine/n wirklichen
Herzensfreund/in in dein Leben zieht. Sei voller Vorfreude

auf diese echte Freundschaft, die nun in dein Leben treten wird.

Vorfreude auf eine wunderschöne Freundschaft erhöht deine Energie und zieht Seelenfreunde an. Enttäuschung ist die Mauer! Um sie zu überwinden, solltest du in die Vorfreude auf eine neue, echte Freundschaft eintauchen.

DIE PASSENDE UNIVERSUMSFORMULIERUNG:

> Liebes Universum,
> ich bin von wunderbaren Menschen umgeben.
> Mein Herz ist voller Freude über diese Freundschaften.
> Das Leben ist schön.
> Danke, liebes Universum.

DIE PASSENDEN UNIVERSUMSWORTE:

Freundschaft, Seele, Freude, danke, Spaß, miteinander

Bei diesem Thema kannst du übrigens wunderbar das »Freunde-Spiel« mit dem Universum spielen. Das Spiel sorgt dafür, dass du im Universumsmodus bleibst. Der Modus, in dem du die Wunder zwischen Himmel und Erde bemerkst. Der Modus, in dem die Dinge wahr werden und Probleme sich auflösen.

Das Freunde-Spiel geht so:
Bitte das Universum um Folgendes:

> Liebes Universum,
> ich lerne einen netten Menschen kennen.
> In den nächsten Tagen.
> Ich freu mich drauf.
> Danke, liebes Universum.

So und jetzt sei aufmerksam – mal sehen, wo das Universum dich und diesen netten Menschen zusammenführt. Mal sehen ... Viele Grüße an den netten Menschen. ☺

IRDISCHES PROBLEM

**Du hast das Gefühl, ständig,
an allen Ecken und Enden
kämpfen zu müssen.**

UNIVERSUMSLÖSUNG:

Beende sämtliche Kämpfe – sofort. Jede Form von Kampf lässt deine Energien absinken und zieht dich runter. Kampf löst nichts! Kampf entfernt dich nur immer weiter von der Alles-ist-möglich-Ebene und damit von der Erfüllung deines Wunsches. Lass dich in KEINEN Kampf reinziehen.

DIE RICHTIGE VORSTELLUNGSTECHNIK:

Verinnerliche folgenden Satz:

> Dafür stehe ich nicht mehr zur Verfügung.
>
> Dafür stehe ich nicht mehr zur Verfügung.
>
> Dafür stehe ich nicht mehr zur Verfügung.

Kampf ist die Mauer. Sobald du Kampf bemerkst, spring darüber und geh weiter.

Das geht nicht? Doch, das geht – immer. Gib jeden Kampf auf – lass jeden Kampf los.
Spürst du die Erleichterung?

DIE PASSENDE UNIVERSUMSFORMULIERUNG:

Liebes Universum,

danke, dass du mich zu den richtigen Türen führst und mich mit der Alles-ist-möglich-Ebene verbindest.

Mein Leben ist voller Harmonie und Frieden.

Danke, liebes Universum.

DIE PASSENDEN UNIVERSUMSWORTE:

Harmonie, Frieden, fließen, loslassen, sein, lachen

Das Freude-und-Lachen-vertreibt-Kämpfe-Spiel

Das Universum soll dir dabei helfen, aus den Kämpfen, egal welchen, auszusteigen bzw. es soll dafür sorgen, dass jedwede Kämpfe sich auflösen. Dafür soll es Lachen und Freude in dein Leben bringen – eine Extraportion bitte. Freude vertreibt den Kampf – wer sich freut und glücklich ist, hat keine Zeit für Kämpfe. Los geht's. Sag dem Universum:

Liebes Universum,

du bist so lustig.

Danke, dass du mich immer wieder zum Lachen bringst. Ich kann gar nicht mehr aufhören zu schmunzeln.

Danke, liebes Universum.

Viel Spaß!
Das Universum hat einen köstlichen Humor ...
Ich muss schon lachen, wenn ich nur daran denke.

Was wäre, wenn ...

IRDISCHES PROBLEM

**Dir kommen immer wieder Zweifel,
ob dein Wunsch sich
tatsächlich erfüllen wird.**

UNIVERSUMSLÖSUNG:

JEDE Form von Zweifel zieht deine Energie herunter und schwächt dich. Zweifel entfernt dich leider immer weiter von deinem Wunsch. Jedes Mal, wenn Zweifel kommen, stell dir als Gegenmaßnahme sofort die Erfüllung vor.

DIE RICHTIGE VORSTELLUNGSTECHNIK:

Stell dir vor, dein Wunsch hätte sich längst erfüllt. Stell dir alles ganz genau vor und bewege dich in Gedanken in dieser Zeit, in der dein Wunsch bereits wahr ist. Stell dir zusätzlich vor, wie glücklich du dann bist. Sieh, wie du strahlst vor Glück. Die Vorstellung der Erfüllung + deine Glücksgefühle machen alles möglich.

Die passende Universumsformulierung:

Liebes Universum,
danke, dass mein Wunsch wahr geworden ist.
Es ist einfach phantastisch.
Ich bin unendlich glücklich.
Danke, liebes Universum – du bist unglaublich.

Die passenden Universumsworte:

Danke, Erfüllung, Glück, ja, Wahnsinn, wow

Weißt du, wie wir am leichtesten diese nervigen Zweifel verscheuchen können? Indem wir das Universum bitten, uns ein Zeichen zu schicken, dass es da ist. Wenn wir kapieren, dass das Universum immer für uns da ist, brauchen wir endlich keine Zweifel mehr zu haben.

Also, welches Zeichen sollen wir nehmen? Ich schlage einen Schmetterling vor. Du kannst aber auch ein Zebra, ein Krokodil, eine Krone oder einen roten Luftballon nehmen – was immer du willst.

Liebes Universum,
ich sehe einen roten Luftballon (ich begegne einem Zebra, ich sehe einen Schmetterling,

ein Krokodil, eine Giraffe – was auch immer
dein Zeichen ist).
Danke, liebes Universum, für deine Zeichen.

Jeder Luftballon, jeder Schmetterling, jedes Krokodil,
jedes Zebra, jeder Flamingo – was auch immer du ge-
wählt hast – ist ein Zeichen des Universums, dass du in
den besten Händen bist – in den Händen des Universums.

Was wäre, wenn ...

Irdisches Problem

Du hast Ärger mit deinem Nachbarn bzw. dein Nachbar macht Probleme.

Universumslösung:

Negative Gefühle, die Nachbarn dir gegenüber haben, senken deine Energie – manchmal, ohne dass wir das direkt merken. Negative Schwingungen von/an Nachbarn stören unseren Seelenfrieden. Ganz zu schweigen von unseren eigenen negativen Nachbarschaftsgefühlen. Eine gute Nachbarschaft dagegen erhöht unser Energielevel.

Die richtige Vorstellungstechnik:

Stell dir in Gedanken vor, wie du dich nett mit deinem Nachbarn unterhältst, wie ihr euch gegenseitig aushelft. Vielleicht trinkt ihr sogar eine Tasse Tee oder ein Glas Wein oder Bier zusammen? – Das kannst du nicht mit diesem Stinkstiefel? Doch – das kannst du! Stell dir dieses freundschaftliche Treffen immer und immer wieder vor, so lange, bis es genau so eintrifft. Sende gedanklich dazu schon einmal eine gute, wohlwollende Schwingung zum Nachbarn rüber. Das bereitet den Boden für die guten Entwicklungen vor ...

Die passende Universumsformulierung:

Liebes Universum,

danke, dass ich in dieser harmonischen Umgebung lebe, in der ich mich rundum wohl und aufgehoben fühle.

Dieser Platz tut mir und meiner Seele gut.

Danke, für die nette und angenehme Nachbarschaft.

Danke, liebes Universum.

Ich bin glücklich hier.

Die passenden Universumsworte:

Harmonie, Frieden, Freundschaft, Rücksicht, Freude

Dazu passt das wunderbare Universumsnachbarschaftsspiel:

Jede Feder vor unserem Eingang oder auf unserem Balkon ist ein Hinweis vom Universum, dass auch in unserem

Nachbarn ein guter Kern steckt. Wir müssen diesen lie-benswerten Kern nur sehen und erkennen. Wir wohnen sicherlich nicht »zufällig« nebeneinander. Es gibt keine Zufälle ...

IRDISCHES PROBLEM

**Deine Kollegin, dein Kollege hintergeht dich
und redet hinter deinem Rücken schlecht über dich.**

UNIVERSUMSLÖSUNG:

Perspektivenwechsel und Wurzelbehandlung: Setze dich auf deine imaginäre Wolke und schau dir diese Situation von oben an. Stell dir vor, eine fremde Person, sagen wir Anna, wäre in genau deiner Situation: Was hat dazu geführt, dass es ist, wie es ist? Kannst du das von da oben erkennen? Oft erkennt man auf der Wolke interessante Hintergründe und Zusammenhänge.

DIE RICHTIGE VORSTELLUNGSTECHNIK:

Gehe weg von der Ist-Situation und hinein in die Lösung. Stell dir eine fröhliche, entspannte, konstruktive Atmosphäre an deiner Arbeitsstelle vor. Stell dir vor, wie du dich mit allen Kollegen blendend verstehst. Stell dir dies alles so häufig wie möglich vor. Du wirst schon bald eine Veränderung bemerken: Vielleicht wird die Kollegin anständiger oder vielleicht zieht sie in eine andere Stadt oder arbeitet bald woanders. Wer weiß ... Das Universum hat viele Möglichkeiten.

Die passende Universumsformulierung:

Liebes Universum,

danke, für meinen wundervollen Arbeitsplatz.

Wir sind ein wundervolles Team, alle meine Kollegen sind toll.

Ich bin sehr glücklich hier.

Danke, liebes Universum.

Die passenden Universumsworte:

Team, Zusammenhalt, Freude, Freundschaft, danke, Erfolg

Richte deine ganze Aufmerksamkeit ab sofort nur noch auf die netten Kollegen. Ziehe deine Aufmerksamkeit von dem/den anderen ab. Damit entziehst du ihnen alles. Mobben macht denen nur Freude, wenn sich jemand darüber ärgert. Aber dafür stehst du nicht mehr zur Verfügung. Du hast Wichtigeres zu tun. Du willst stattdessen, dass einer deiner netten Kollegen dich zum Geburtstag, zu einer Party oder einer Feier einlädt.

Kein Problem:

> Liebes Universum,
> ich werde von meinem Kollegen zu einer Feier eingeladen.
> Ich freu mich wahnsinnig darauf.
> Das wird großartig.
> Danke, liebes Universum.

Überleg dir schon einmal, was du mitbringst. Blumen und eine gute Flasche Wein? Oder lieber etwas Persönlicheres?

Was wäre, wenn ...

Irdisches Problem

Du hast eine Verletzung und
kannst keinen Sport machen –
oder du könntest zwar Sport treiben,
aber kannst dich nicht dazu aufraffen.

Universumslösung:

Die Lösung: mentaler Sport. Wissenschaftliche Untersuchungen zeigen: Egal, ob es sich um physischen oder mentalen Sport handelt, es macht keinen Unterschied. Das Ergebnis ist das gleiche.

Die richtige Vorstellungstechnik:

Stell dir in Gedanken vor, du würdest deinen Sport absolvieren. Es ist wissenschaftlich eindrucksvoll erwiesen, dass es den gleichen Effekt erzielst – egal, ob du physisch im Fitnessstudio Muskelaufbau betreibst oder die gleichen Übungen »nur« mental machst. Das Ergebnis ist das gleiche! Mache deinen Sport, solange du aussetzen musst oder solange du dich nicht aufraffen kannst, in Gedanken –

also mental; dann kommst du nicht aus der Übung und trainierst ganz nebenbei noch deine Gedankenkraft.

DIE PASSENDE UNIVERSUMSFORMULIERUNG:

Liebes Universum,
mir geht's supergut – ich bin topfit.
Mein Körper strotzt vor Energie.
Ich fühle mich wohl.
Danke, liebes Universum.

DIE PASSENDEN UNIVERSUMSWORTE:

Gesundheit, fit, Bewegung, Wohlfühlen, Glücksgefühle

5 Minuten Mental-Fitness für zwischendurch ... Wir gehen jetzt mal kurz in den Universumsfitnessraum: Ich mache 5 Minuten Mental-Yoga. ☺ Machst du mit oder machst du in der Zeit z. B. lieber Krafttraining?

Kennst du übrigens das 1-Monat-5-Minuten-Mental-Kraft-training-Experiment? Stell dir einen Monat lang jeden Tag 5 Minuten in Gedanken vor, du würdest die Butter-flyübung aus dem Fitnessstudio machen. Nach einem Monat wirst du ein Ergebnis sehen.

Das ist wirklich erstaunlich. Aber ich mache trotzdem lieber erst einmal das Mental-Yoga – in Gedanken im Lotossitz auf der Matte sitzen und atmen. Ist nicht so anstrengend. ☺

IRDISCHES PROBLEM

Du machst dir Sorgen über deine eigene Zukunft oder die Zukunft deiner Lieben.

UNIVERSUMSLÖSUNG:

Zukunftsängste oder Zukunftssorgen sind kontraproduktiv. Natürlich kannst du vorsorgen, aber du solltest keine Ängste haben. Angst zieht deine Energie runter. Angst ist kein fruchtbarer Boden. Auf Angst wächst kein Glück. Auf Angst wächst Angst. Sei dir sicher: Für dich/euch wird gesorgt. Verinnerliche dieses Gefühl des Aufgehobenseins. Und immer wenn die Zukunftsangst kommt, sage dir sofort diesen Satz: »Für mich wird immer gesorgt.«

DIE RICHTIGE VORSTELLUNGSTECHNIK:

Statt Angst zu haben, stell dir die Erfüllung deines Wunsches vor. Stell dir intensiv vor, wie du dich fühlen wirst, wenn dein Wunsch sich verwirklicht hat. Stell dir vor, wie glücklich und zufrieden deine Lieben sind. Stell dir vor, wie ihr darüber redet, wie zufrieden ihr alle seid. Stell dir vor, wie ihr zusammen feiert und euch freut.

Diese Vorstellung erhöht augenblicklich deine Energie. Zukunftsangst zerstört deine Zukunft. Zukunftsfreude aber vergoldet sie. Freu dich auf deine Zukunft – sie wird wunderschön.

DIE PASSENDE UNIVERSUMSFORMULIERUNG:

Liebes Universum,

es geht uns allen gut – richtig gut.

Danke, dass sich die Dinge für uns alle so wunderbar entwickelt haben.

Danke für alles, liebes Universum.

DIE PASSENDEN UNIVERSUMSWORTE:

Freude, Glück, Gesundheit, Familie, Wohlstand

Weißt du, wie du die Zukunftsangst vertreiben kannst? Mit Kleeblättern und Schornsteinfegern.

Jedes Mal, wenn du merkst, dass sich wieder mal ein leises Gefühl von Zukunftsangst bei dir einschleicht, werde wach und wende dich an das Universum:

Liebes Universum,
ich sehe ein vierblättriges Kleeblatt oder
einen Schornsteinfeger.
Gerne heute noch.
Danke, liebes Universum.

Jedes Kleeblatt und jeder Schornsteinfeger ist ein Zeichen
vom Universum, dass du dir keine Sorgen machen musst.
Alles wird gut.

Was wäre, wenn ...

IRDISCHES PROBLEM

Du wünschst dir einen besseren Job.

UNIVERSUMSLÖSUNG:

Auch hier gilt wieder: die Verwirklichung vorwegnehmen und dir das Ergebnis vorstellen. Die richtige Visualisierung setzt ungeheure Kräfte frei und wird den genau richtigen Job in dein Leben ziehen.

DIE RICHTIGE VORSTELLUNGSTECHNIK:

Stell dir vor, wie du glücklich mit deinen netten Kollegen zusammenarbeitest. Stell dir vor, wie erfolgreich du in deinem gut bezahlten Job bist. Stell dir vor, wie du voller Freude morgens zur Arbeit gehst. Stell dir vor, wie deine Freunde dir zum neuen Job gratulieren. Stell dir vor, wie stolz und glücklich du bist. Stell dir vor, wie du zu dir selbst sagst: »Das ist mein absoluter Traumjob.« Stell dir das alles jeden Tag vor – dann wird es bald wahr.

DIE PASSENDE UNIVERSUMSFORMULIERUNG:

Liebes Universum,
danke für diesen Traumjob.
Ich liebe ihn.
Danke, dass du mich hierhin geführt hast
und danke auch für die gute Bezahlung.
Ich bin unendlich glücklich.
Danke, liebes Universum.

DIE PASSENDEN UNIVERSUMSWORTE:

Danke, Erfolg, Glück, Teamgeist, Innovation, Anerkennung

Ab jetzt heißt es: Antennen ausfahren!

Du bekommst höchstwahrscheinlich in sehr naher Zukunft, das kann ab sofort sein, wichtige Hinweise. Diese Hinweise werden dich zu deinem Traumjob führen – und sie können von überallher kommen: von einem anderen Menschen, von einem Artikel, einem Beitrag, einer Anzeige, aber du bekommst einen wichtigen Impuls oder was auch immer. Richte deine gesamte Aufmerksamkeit auf die Erhaltung deines Traumjobs. Und freu dich darauf. Denn das ist ja der Platz, an dem du sein sollst.

Was wäre, wenn ...

Irdisches Problem

**Du möchtest gerne heiraten,
hast aber noch nicht mal eine/n Freund/in.**

Universumslösung:

Sage und denke auf gar keinen Fall, wie schwer es ist, einen Partner zu finden. Dieser Gedanke/Satz sendet eine verheerende Energie aus. Tue das Gegenteil: Tue so, als hättest du gerade bereits geheiratet. Tue so, als ob die Hochzeit bereits stattgefunden hat.
Fühle den Ring an deinem Finger. Streiche mit dem Daumen deiner rechten Hand über deinen Ringfinger und fühle den Ring.

Die richtige Vorstellungstechnik:

Stell dir dazu vor, wie ihr beide aus dem Standesamt oder der Kirche kommt und Freunde rote Rosenblätter über euch werfen. Stell dir vor, wie du und dein Mann/deine Frau eine wunderschöne Hochzeitsreise macht. Stell dir vor, wie du den Kopf an seine/ihre Schulter lehnst und ihr beide einfach nur glücklich seid. Diese Vorstellung und das imaginäre Fühlen des Rings senden eine wunderbare Erfüllungsenergie aus.

DIE PASSENDE UNIVERSUMSFORMULIERUNG:

Liebes Universum,
danke für diese traumhaft schöne Hochzeit.
Wir sind die glücklichsten Menschen der Welt.
Was für ein tolles Erlebnis. Mein Traum hat sich erfüllt.
Danke für unser Glück.
Danke, liebes Universum – du bist einmalig.

DIE PASSENDEN UNIVERSUMSWORTE:

Liebe, Glück, Hochzeit, Fest, Freude, danke, Seelenverwandte

Hochzeitscollage:

Zu diesem Thema kannst du wunderbar eine Collage basteln. Schneide Fotos von Traumpaaren aus, von Sektgläsern, Ringen etc. Alles, was du mit deiner traumhaften Hochzeit verbindest, klebst du auf. Dazu schreibst du die

Universumsworte und dann hängst du diese Collage, dieses Gesamtwerk, für dich gut sichtbar auf. (Wenn dir das peinlich ist und du nicht willst, dass andere die Collage sehen, kannst du sie z. B. auch gut an der Innenseite deines Kleiderschranks aufhängen.) Auf alle Fälle irgendwohin, wo du sie jeden Tag sehen kannst. Diese Collage sendet intensivste Erfüllungsenergie aus ... Tamtamtata – Tamtamtaataaaa ... Für euch wird's rote Rosen regnen ... Jedes rote Rosenblatt, das du siehst, ist ein Zeichen dafür.

Freu dich auf die Hochzeit. Und überlege schon mal, wer dein/e Trauzeuge/in sein soll.

Was wäre, wenn ...

IRDISCHES PROBLEM

Du weißt nicht, was du anziehen sollst.

UNIVERSUMSLÖSUNG:

Okay, das ist zwar kein wirkliches Problem, aber es gibt trotzdem eine Lösung. Weißt du, warum? Weil deine Kleidung wirkt. Sie kann deine Energie anheben oder senken. Und zwar über die Farbe.

DIE RICHTIGE VORSTELLUNGSTECHNIK:

Schließe für einen Moment deine Augen und spüre in dich hinein: Welche Farbe würde deiner Seele heute guttun? Man spürt das ganz genau. Wenn dir z. B. Hellblau in den Sinn kommt, du aber in Rot gekleidet bist, dann tut dir Rot heute vielleicht gar nicht gut. Vielleicht putscht dich die Farbe heute zu sehr auf, aber deine Seele bräuchte eigentlich etwas Harmonisches, Ruhiges.

Das ist jeden Tag wieder anders. Am besten du überlegst jeden Morgen vor dem Ankleiden zuerst, welche Farbe dir heute guttun wird.

DIE PASSENDE UNIVERSUMSFORMULIERUNG:

Die passende Universumsfrage geht heute an deine Seele:

Welche Farbe tut mir heute gut?

Kleide dich in dieser Farbe oder trage zumindest ein Accessoire in dieser Farbe – das erhöht deine Energie. Für die einen ist es nur Kleidung – für uns ist es Balsam für die Seele. Für uns ist es ein Energieerhöher. Kleider machen Leute bzw. Farbe macht glücklich.

Kurze Zwischenfrage:
Kennst du das Lied »Bunt, bunt, bunt sind alle meine Kleider?« Super – dann tragen wir das jetzt zusammen vor:

Liebes Universum,
heute haben wir mal ein Geschenk für dich. Wir alle zusammen haben uns ein Lied für dich ausgedacht:

Blau, blau, blau sind alle meine Kleider, blau, blau, blau ist alles, was ich hab. Darum lieb ich alles, was so blau ist, weil mein Schatz das Universum ist.

Wir hoffen, unser Liedchen hat dir gefallen. ☺

Und ich hab jetzt einen Ohrwurm …

DIE PASSENDEN UNIVERSUMSWORTE:

Seele, Harmonie, Einklang, Wirkung

Was wäre, wenn ...

IRDISCHES PROBLEM

**Du willst unbedingt einen
ganz bestimmten Studienplatz.**

UNIVERSUMSLÖSUNG:

Hier nehmen wir gedanklich bereits wieder die Erfüllung
vorweg.

DIE RICHTIGE VORSTELLUNGSTECHNIK:

Stell dir vor, wie du bereits in dem Beruf, der deine Berufung ist, erfolgreich und glücklich arbeitest. Stell dir
vor, wie du stolz dein Abschlusszeugnis von der Univer-
sität in der Hand hältst und alle dir gratulieren. Stell dir
vor, wie du stolz die Arme in die Luft wirfst und dabei
einfach nur noch glücklich bist. Weißt du schon, wo du
das feiern wirst?

Bewirb dich an allen für dein Fach in Frage kommenden
Unis – und lass dann das Universum entscheiden.

DIE PASSENDE UNIVERSUMSFORMULIERUNG:

Liebes Universum,
ich liebe mein Studium.
Es ist meine absolute Berufung.
Danke, dass ich das leben darf.
Danke, liebes Universum.

DIE PASSENDEN UNIVERSUMSWORTE:

Berufung, Bachelor/Master, bestanden, stolz, Glück, Genie, geschafft

Wenn du einen besseren Numerus clausus für deinen Studienwunsch brauchst, bitte das Universum, dir eine andere Möglichkeit zu offenbaren, die dich zum Ziel bringt. Es gibt immer einen Weg. Und das Universum kennt ihn.

Folge den Zeichen und stell dir das Endergebnis vor.

Was wäre, wenn ...

Irdisches Problem

**Du möchtest einen bestimmten
Menschen treffen – aber ganz zufällig.**

Universumslösung:

Sage dem Universum, dass es ein Treffen zwischen dir und dieser Person, wir nennen sie jetzt mal fiktiv Anna oder Marco, arrangieren soll. Unterstütze das Universum, indem du dir dieses Treffen vorstellst.

Die richtige Vorstellungstechnik:

Stell dir vor, wie ihr beide zusammensteht und euch unterhaltet. Stell dir vor, was du sagen wirst.
Aber bedenke: Die Wege des Universums sind interessant. Vielleicht stellst du dir ein zufälliges Kaffeetrinken vor, das Universum arrangiert aber ein Treffen beim Arztbesuch. Sei allzeit bereit – das Treffen wird stattfinden.

DIE PASSENDE UNIVERSUMSFORMULIERUNG:

Liebes Universum,
das Treffen mit ... war toll.
Danke, dass du uns zusammengeführt hast.
Das war mal wieder sehr beeindruckend.
Danke, liebes Universum.

DIE PASSENDEN UNIVERSUMSWORTE:

Treffen, »Zu-fall«, Freude, Gesetz der Anziehung

In der Zwischenzeit kannst du dir beim Universum weitere »Zufallstreffen« bestellen – aber mit keiner bestimmten Person. Einfach nur, um die Anziehung zu trainieren. Bestell zufällige Treffen – als Vorbereitung für DAS Treffen.

Liebes Universum,
ich treffe plötzlich ständig Leute, die ich kenne und lange nicht gesehen habe.
An den verrücktesten Orten.
Danke dafür.

Ich treffe seitdem tatsächlich überall Leute, die ich lange nicht gesehen habe – und ehrlich gesagt, manche von denen hätte ich gerne noch viel länger nicht gesehen ...

Tja, bestellt ist bestellt. Und es geht ja ums Training und um die Vorbereitung.

Irdisches Problem

**Alles läuft schief und du fängst an,
genervt zu sein.**

Universumslösung:

Denk an deine Energie und daran, dass Dinge, die schieflaufen, nur ein Test sind, ob du es schaffst, in deiner Mitte zu bleiben. Und ja – wir schaffen das. Wenn wir beginnen, genervt zu sein, dann ziehen wir uns selbst runter. Da wollten wir ja aber nicht hin.

Die richtige Vorstellungstechnik:

Stell dir vor, du bist ein großer, schön gewachsener Baum. Nun stell dir diesen Baum in starkem Wind vor. Nichts kann diesen Baum aus dem Gleichgewicht bringen. Und jetzt stell dir vor, du wärst dieser Baum. Nichts kann DICH aus dem Gleichgewicht bringen.

Die passende Universumsformulierung:

Liebes Universum,
liebes Leben,
nichts kann mich aus der Ruhe bringen.
Ich bin gelassen wie ein Baum oder wie Buddha.
Danke, liebes Universum.

Die passenden Universumsworte:

Gelassenheit, Mitte, innerer Frieden, Ausgeglichenheit, Baum, Buddha

Dazu kommt der Versüßungstrick:

Versüße dir diesen Tag, damit du nicht »sauer« wirst.

Bester Versüßungstrick für den Tag:
Bestell dir eine Überraschung beim Universum. Eine schöne, positive Überraschung. Oder ein Stück Kuchen.

Liebes Universum,
ich bekomme eine schöne Überraschung.
Danke, liebes Universum.

Und dann richte deine Aufmerksamkeit auf die Lieferung und auf alle wunderbaren Überraschungen, die dir begegnen.

Und auf einmal beginnen die Dinge, wieder gut zu laufen ...

Was wäre, wenn ...

Irdisches Problem

Du weißt nicht, wie du dich entscheiden sollst.

Universumslösung:

Hör auf, darüber nachzudenken, wie du dich entscheiden sollst, und lass alles mal einen Moment lang los. Dieses Nachdenken hält dich gefangen und macht dich befangen. Verlasse ganz bewusst eine Zeit lang den Nachdenkmodus – das befreit und macht dich frei.

Bitte das Universum, dir Zeichen zu schicken, welche Entscheidung die richtige ist. Wichtig ist, dass du nicht weiter die ganze Zeit darüber nachdenkst, denn in der Nachdenkzeit wirst du die Zeichen nicht bemerken.

Die richtige Vorstellungstechnik:

Zuerst einmal solltest du dir nichts vorstellen und dich selbst von jeglichem Druck befreien.

Wenn du dann frei und gelöst bist, kannst du dein Bauchgefühl befragen: Stell dir Entscheidung 1 genau vor und achte auf dein Bauchgefühl. Und nun stell dir die andere Möglichkeit vor. Was sagt dein Bauch hier?

DIE PASSENDE UNIVERSUMSFORMULIERUNG:

Liebes Universum,
danke, dass ich die richtige Entscheidung getroffen habe.
Danke, dass du mir den Weg gezeigt hast.
Du bist mein bester Berater.

DIE PASSENDEN UNIVERSUMSWORTE:

Richtig, Lösung, mein Weg, Bauchgefühl, Herzgefühl, genau

Und jetzt spielen wir und gehen an die frische Luft:

Vergiss das Thema, bei dem du eine Entscheidung treffen musst. Beschäftige dich stattdessen mit leichten, fröhlichen Dingen, z. B. mit Spielen (»Mensch ärger dich nicht« oder »Vier gewinnt« etc.). Oder geh raus in die Natur und genieße die frische Luft – das macht den Kopf frei.

Und außerdem soll das Universum dir Zeichen schicken:

Liebes Universum,
ich bekomme Zeichen, welche Entscheidung
richtig ist.
In den nächsten drei Tagen.
Danke, liebes Universum.

Die Zeichen werden dir den richtigen Weg zeigen –
jeder Mensch bekommt diese Zeichen.
Aber nicht alle bemerken sie. Sei einfach fröhlich und
aufmerksam.

Ich musste vor einigen Tagen auch eine wichtige Entscheidung treffen und wusste nicht genau, was ich tun
sollte. Ich habe zum Universum gesagt:

»Liebes Universum, wenn ich … machen soll, dann schick
mir heute noch ein Zeichen (ich sage immer *heute noch*,
weil ich das mit der Geduld noch üben muss … ☺) Am
gleichen Abend habe ich das Fernsehen angemacht und
sofort drei Schmetterlinge gesehen, drei Minuten später
zwei Giraffen – und als ich umgeschaltet habe, lief eine
Sendung übers Universum … Das sind alles meine Zeichen.

Ich liebe das Universum, es hilft immer.

IRDISCHES PROBLEM

Du willst alles möglichst perfekt machen.

UNIVERSUMSLÖSUNG:

Wer bestimmt eigentlich, was perfekt ist? Wir haben gelernt, dass wir umso mehr geliebt und gelobt werden, je perfekter wir sind. Vergessen wir das. Im Perfektsein steckt Zwang. Und Zwang ist das Gegenteil von Freiheit. Zwang hat noch niemanden glücklich gemacht. Zwang schraubt unser Energie herunter – übrigens auch unsere eigene Zwanghaftigkeit. Das Einzige, worin wir perfekt sein sollten, ist, uns die Freiheit zu nehmen, unperfekt zu sein.

DIE RICHTIGE VORSTELLUNGSTECHNIK:

Stell dir vor, wie du am Strand entlangläufst wie ein Kind und Muscheln sammelst. Stell dir vor, wie du dich immer weiter im Kreis drehst und dann lachend ins Gras fallen lässt. Stell dir vor, wie du mit deiner Freundin Plätzchen backst, die ganze Küche verwüstet ist und ihr lachend mittendrin Tee trinkt. Stell dir vor, wie du bei einem Vortrag einen Lachkrampf bekommst. Stell dir vor, du würdest dich morgen in Luft auflösen – dann ist es egal, ob du heute perfekt warst. ☺

Die passende Universumsformulierung:

Liebes Universum,
danke, dass ich wieder unbeschwert bin.
Ich liebe mein freies und fröhliches Leben.
Danke, liebes Universum.

Die passenden Universumsworte:

Leichtigkeit, Fröhlichkeit, hüpfen, lachen, tanzen, unbeschwert, loslassen

Jetzt üben wir sofort mal, wie wir uns aus unserer eigenen Zwanghaftigkeit lösen, und fordern das Universum zum Tanz auf:

Liebes Universum,
ich bitte um ein Tänzchen mit dir.
Spiel mir dazu mein Lieblingslied.
Danke, liebes Universum.

Wetten, »dein« Lied läuft heute im Radio, im Supermarkt oder sonst wo?

Wenn du dann vor dem Nudelregal anfängst, mit dem Universum zu tanzen, dann hast du es geschafft. ☺

IRDISCHES PROBLEM

Du möchtest endlich schwanger werden.

UNIVERSUMSLÖSUNG

Richte deine Aufmerksamkeit nicht auf eventuelle bisherige Fehlversuche, sondern richte dein Denken und Empfinden auf das Ergebnis. Richte dein Denken sooft wie möglich auf die Erfüllung.

DIE RICHTIGE VORSTELLUNGSTECHNIK:

Stell dir vor, wie du dein Baby im Arm hältst, rieche, wie es duftet. Sieh vor deinem inneren Auge, wie es an deiner Hand läuft ...

DIE PASSENDE UNIVERSUMSFORMULIERUNG:

Liebes Universum,
unser Baby ist das süßeste Baby auf der Welt.
Danke für unsere kleine/große Familie.

Es ist mir eine Ehre, mich um diese Seele zu kümmern.
Danke, liebes Universum

DIE PASSENDEN UNIVERSUMSWORTE:

Danke, Nachwuchs, aufziehen, Wiege, Schnuller, Windel

Heutzutage haben immer mehr Paare zuerst Schwierigkeiten, ein Kind zu bekommen. Das hat die unterschiedlichsten Gründe, viele davon kommen aus der Umwelt. Es gibt Lösungen, auch medizinische – bitte das Universum, die für euch richtige Lösung zu offenbaren.

Danke liebes Universum,
dass du uns diesen Weg gezeigt hast.
Wir sind unendlich dankbar und glücklich.
Danke, liebes Universum.

Und wenn du demnächst schwangere Frauen siehst, Kinderwagen oder Ähnliches, dann tappe nicht in die Falle und werde traurig: »Bei mir klappt es nicht.« Das zieht nur deine Energie runter. Traurigkeit ist eine Mauer. Wechsel stattdessen sofort in den Zustand der Vorfreude und stell dir deine kleine Familie vor ...

Irdisches Problem

Du hast das Gefühl, du findest keinen Partner mehr. Für dich gibt es einfach keinen passenden.

Universumslösung:

Als ob ...! Warum hast du dieses Gefühl? Wie kommst du darauf? Es gibt über **8 Milliarden** Menschen auf diesem Planeten – natürlich ist da auch mindestens einer darunter, der perfekt zu dir passt und für den auch du perfekt bist. Und dieser Jemand lebt ja bereits.

Die richtige Vorstellungstechnik:

Stell dir vor, wie du glücklich mit deinem Partner im Restaurant sitzt. Stell dir vor, wie ihr glücklich durch den Wald spaziert und dann ein Picknick macht. Stell dir vor, wie ihr Hand in Hand lachend einen Strand entlanglauft. Stell dir vor, wie ihr vor einem Kamin sitzt, ein Glas Wein in der Hand, und stundenlang erzählt.

DIE PASSENDE UNIVERSUMSFORMULIERUNG:

Sag dem Universum, es soll euch beide jetzt zusammen-
führen. Und richte deine Aufmerksamkeit ab jetzt darauf
– erwarte die Erfüllung zu jedem Zeitpunkt: Oft ist das
Glück viel näher, als wir denken ...

> Liebes Universum,
> danke, dass du uns zusammengeführt hast.
> Danke, danke, danke.

DIE PASSENDEN UNIVERSUMSWORTE:

Liebe, Glück, Erfüllung, lachen, ja, leben

Damit wir es nicht verschlafen, wenn das Universum ein
zufälliges Treffen mit Mr oder Mrs Right arrangiert, bringen
wir uns schon mal in den Flirtmodus – und dabei helfen
Komplimente. Komplimente erhöhen unsere Energie – also
her damit. Das Universum soll uns Komplimente schicken:

> Liebes Universum,
> ich bekomme ständig Komplimente.
> Gerne heute und eigentlich für immer. ☺
> Das macht richtig gute Laune.
> Danke für die vielen Komplimente.

So, mal sehen, was wir jetzt alles zu hören bekommen ...

Irdisches Problem

**Du verlierst eine vermeintliche Sicherheit
und machst dir Sorgen.**

Universumslösung:

Die meisten irdischen Sicherheiten sind Scheinsicherheiten. Die einzige wirkliche Sicherheit ist, dass die Urkraft für dich sorgen wird. Wenn du im Vertrauensmodus bleibst, wirst du sehr bald feststellen, dass alles kommt, wenn du es brauchst. Sei sicher, dass du getragen wirst.

Die richtige Vorstellungstechnik:

Stell dir vor, wie du in den Händen des Universums liegst und getragen wirst. Stell dir vor, wie du immer alles hast, was du brauchst. Immer.
Du bist sicher – beschützt vom Universum und von der Urkraft.

DIE PASSENDE UNIVERSUMSFORMULIERUNG:

Liebes Universum,

danke, dass ich immer alles habe,

was ich brauche.

Danke, dass du immer für mich sorgst.

Danke, liebes Universum.

DIE PASSENDEN UNIVERSUMSWORTE:

Vertrauen, Schutz, Geborgenheit, Zuhause, Sicherheit, getragen

Und damit sich jetzt keine kleinen Zweifel anschleichen, können wir mit dem Universum das »Ich-weiß-dass-du-immer-an-meiner-Seite-bist-Spiel« spielen. Dafür kannst du auch ein eigenes Zeichen mit dem Universum vereinbaren. Ich nehme dafür Engel – und jedes Mal, wenn ich irgendwo einen Engel sehe, dann weiß ich: Für mich wird gesorgt.

Liebes Universum,

ich sehe Engel, damit ich weiß,

dass du mich trägst.

Danke, liebes Universum.

Inzwischen habe ich eine ganze »Engelarmee« zu Hause stehen – nur so zur Sicherheit. ☺

Was wäre, wenn ...

Irdisches Problem

Ein geliebter Mensch ist gestorben.

Universumslösung:

Trauern ist gut und wichtig. Sei dir aber bewusst, dass nur die Hülle dieses Menschen nicht mehr hier bei dir ist. Seine Seele ist weiter für dich da. Du kannst jederzeit mit ihr in Kontakt treten – da wird sich jemand freuen. Wir sind nicht getrennt.

Die richtige Vorstellungstechnik:

Stell dir vor, wie der- oder diejenige bei dir ist, ihr euch liebevoll anschaut und unterhaltet. Bemerke, wie du seine/ihre Zuneigung und Liebe spürst. Sage dieser Person, dass du weißt, dass ihr nicht getrennt seid, und nimm sie in den Arm.

DIE PASSENDE FORMULIERUNG:

Dieses Mal bitten wir nicht das Universum, sondern die/den Verstorbenen direkt um ein Zeichen, einen Beweis, dass er/sie da ist.

> Liebe/r ...,
> schick mir ein Zeichen, damit ich weiß,
> dass du da bist.
> Danke.

Du wirst sehr schnell einen Beweis bekommen. Ihr seid nicht getrennt.

DIE PASSENDEN UNIVERSUMSWORTE:

Verbundenheit, Liebe, Unsterblichkeit, Horizont

Dazu kannst du das Regenbogen-Spiel spielen:

Der Regenbogen ist ein Zeichen, eine Verbindung zur anderen Welt. Der Regenbogen ist eine Art Brücke.

> Liebes Universum,
> schick mir einen Regenbogen, damit ich weiß,
> dass ... und ich verbunden sind.
> Danke, liebes Universum.

Und achte nicht nur auf Regenbögen am Himmel – Regenbögen können dir überall begegnen: auf Servietten, an Fenstern, auf T-Shirts, in Liedern (»Over the Rainbow«) ...

IRDISCHES PROBLEM

**Du findest keine Wohnung,
die dir richtig gut gefällt.**

UNIVERSUMSLÖSUNG:

Erstelle zuerst einmal eine Liste, welche Bedingungen deine neue Wohnung erfüllen soll, z. B. hell, große Küche, Balkon, Neubau, Altbau, ruhig, etwas lebhaftere Gegend ... Und denke nie: Es ist so schwer, eine Wohnung zu finden. Dieser Gedanke ist niedrige Energie und entfernt dich von der Erfüllung. Jeder destruktive Gedanke bringt dich einen Schritt weg von deiner Traumwohnung. Jeder Gedanke an deine schöne neue Wohnung hingegen zieht genau diese Wohnung in dein Leben. Selbst wenn du jeden Tag in der Zeitung liest, dass der Wohnungsmarkt wie leergefegt ist, bedeutet das nicht, dass du keine passende Wohnung findest. Jeden Tag gibt es Menschen, die ihre Traumwohnung finden.
Dazu kannst auch du gehören ...

Die richtige Vorstellungstechnik:

Stell dir jetzt vor, wie du bereits in deiner Traumwohnung lebst. Stell dir vor, wie du mit deinen Freunden und deiner Familie deinen Geburtstag darin feierst. Stell dir die Einrichtung vor. Lebe in deiner Vorstellung in dieser tollen Wohnung und fühle dein Glücklichsein.

Die passende Universumsformulierung:

Liebes Universum,
ich liebe meine Wohnung.
Ich liebe diese große Küche und die hellen Zimmer.
Ich liebe die Abende auf meiner Glücksterrasse.
Und ich liebe diese Aussicht.
Danke, liebes Universum – ich bin glücklich.

Die passenden Universumsworte:

Glücksgefühl, Freude, Zufall, Leben, Zuhause, danke, angekommen

Traumwohnungscollage:
Zusätzlich solltest du für diese Erfüllung unbedingt eine passende Collage erstellen! Das kennst du ja schon – klebe auf diese Collage Bilder von deiner Traumwohnung

und schreibe die Universumswörter dazu. Hänge die Collage dann gut sichtbar auf – so vermittelst du deinem Gehirn durch die Bilder, dass dein Wunsch schon wahr ist. Dadurch wird die tatsächliche Erfüllung viel schneller in dein Leben gezogen! Eigentlich wohnst du schon in deiner Traumwohnung ...

IRDISCHES PROBLEM:

Du bist süchtig nach Social Media.

UNIVERSUMSLÖSUNG

In den sozialen Medien wirst du nie das echte Glück finden. In der Zeit, die du auf den Kanälen verplemperst, bist du oft abgelenkt und verpasst das echte, das wirkliche Glück. Nutze Social Media, aber lass nicht zu, dass du – ganz unbewusst – benutzt wirst. Und lass nicht zu, dass du jemals das Gefühl hast, andere hätten ein spannenderes und erfüllteres Leben. Wenn du dieses Gefühl hast, höre sofort auf. Und lass auch nicht zu, dass deine Laune/Energie von der Zustimmung anderer abhängt. Dieses Gefühl zieht deine Energie so richtig runter. Starte dann sofort mit deinem Gegenprogramm und nutze die Entsuchtungsvorstellungstechnik:

DIE RICHTIGE VORSTELLUNGSTECHNIK:

Stell dir die Erfüllung deines Herzenswunsches vor und tauche ein in diese positive Glücksenergie. Statt Instagram, tiktok und Co. zu suchten und zu schauen, was andere erleben, erlebe deine eigene Traumzukunft, dein eigenes Traumleben in deinem Kopfkino. Stell dir dein Traumleben immer und immer wieder vor. Umso schneller wird es sich verwirklichen.

DIE PASSENDE UNIVERSUMSFORMULIERUNG:

Liebes Universum,
ich liebe mein Leben, mit allem Drum und Dran.
Danke für mein Leben.
Danke, liebes Universum.

DIE PASSENDEN UNIVERSUMSWORTE:

Freigeist, Unabhängigkeit, Fröhlichkeit, Abenteuer, entdecken

IRDISCHES PROBLEM

**Du bist wütend. Du weißt zwar, dass
Wut deine Energie senkt, aber ...**

UNIVERSUMSLÖSUNG

Kein Problem. Die Wut zu unterdrücken und in sich reinzufressen, ist auch keine Lösung.

Deshalb: Ganz bewusst 5 Minuten wütend oder sauer sein. Diesen Energiekiller gönnen wir uns – aber, wie gesagt, nur 5 Minuten. Anschließend tiiiief einatmen und wieder in die höhere Energie wechseln. Das hört sich schwerer an, als es ist – Übung macht den Meister. Dein Grundsatz muss nur sein: Niemals länger als 5 Minuten, sonst schaden wir einzig und allein uns selbst – und das wäre unschlau ...

DIE PASSENDE VORSTELLUNGSTECHNIK:

Stell dir vor, wie du deine Wut an einen grünen Heliumluftballon hängst. Sieh, wie dieser Ballon hoch in die Luft steigt und sich immer weiter von dir entfernt. Und

tschüss – guten Flug, Wut! Genieße deine wiederge-
wonnene gute Laune.

DIE PASSENDE UNIVERSUMSFORMULIERUNG:

Liebes Universum,
danke, dass du es immer wieder schaffst,
mich fröhlich zu stimmen.
Das Leben ist schön.
Danke, liebes Universum.

DIE PASSENDEN UNIVERSUMSWORTE:

Gute Laune, Freiheit, unangreifbar, geschützt, Gelassenheit

IRDISCHES PROBLEM

**Du kannst einer bestimmten Person
einfach nicht verzeihen.**

UNIVERSUMSLÖSUNG

Manchmal ist vergeben oder verzeihen wirklich nicht ganz einfach. Musst du aber auch gar nicht. Wichtig ist nur, dass du dieses negative Gefühl, das dich belastet, loswirst. Denn dieses Gefühl erniedrigt dich und deine Energie. Übergib diese Person in Gedanken dem Universum. Es wird sich um Gerechtigkeit kümmern – das tut es immer. Gib es ab.

DIE RICHTIGE VORSTELLUNGSTECHNIK:

Stell dir vor, wie du dieser Person in der Vergangenheit die Hand gibst und du dich anschließend umdrehst und Richtung Sonne gehst. Dreh dich um und denke an die Erfüllung deiner Wünsche. Du hast nichts mehr mit dieser Person zu tun – das Universum kümmert sich. Du bist frei.

DIE PASSENDE UNIVERSUMSFORMULIERUNG:

Liebes Universum,
ich bin unbelastet und gelöst.
Danke, dass du mich befreit hast.
Ich bin wieder rundum glücklich.
Danke, liebes Universum.

DIE PASSENDEN UNIVERSUMSWORTE:

Glück, Freude, lachen, loslassen, Zukunft, Sonne

Kennst du das 5-Minuten-Vergebungs-Spiel? Du sollst dir selbst vergeben – und zwar alles, was nicht so gut gelaufen ist. Für jedes Mal, wenn du vielleicht selbst einen kleinen Fehler gemacht hast oder jemandem gegenüber ungerecht warst etc. Ist uns allen ja schon mal passiert. Der Trick ist: Wer sich selbst verzeiht, kann anderen leichter verzeihen. Und wer verzeiht, erhöht seine eigene Energie und wird nicht länger vom eigenen Gram runtergezogen.

Das 5-Minuten-Vergebungs-Spiel braucht man glücklicherweise nur hin und wieder zu spielen: Kerze anzünden, sich selbst vergeben, sich kurz liebevoll selbst umarmen und anschließend wieder ins schöne Leben stürzen.

Irdisches Problem

Du hast Angst, krank zu werden.

Universumslösung:

Du brauchst keine Angst zu haben. Uns wird viel zu viel Angst gemacht. Unser Körper ist ein Wunder der Natur. Er wird dir zu Diensten sein. Schließe die Augen und lasse jeden Tag die Energie der Urkraft durch deinen Körper fließen: Oben durch den Scheitel hinein, durch den ganzen Körper hindurch und aus den Füßen heraus – das erreicht jede Zelle.

Wenn du Angst hast, greifst du deinen Körper an und schwächst ihn. Wenn du ihm aber vertraust, machst du deinen Körper stark. Vertrauen, tiefes Urvertrauen, sorgt für Gesundheit.

Die richtige Vorstellungstechnik:

Stell dir vor, wie die Urkraft, das Bewusstsein des Universums, durch deinen Körper fließt und jede Zelle deines

Körpers gesundet. Jede Zelle unseres Körpers ist ein Teil des Universums, bedenke das immer.

DIE PASSENDE UNIVERSUMSFORMULIERUNG:

Liebes Universum,
ich bin rundum gesund.
Ein herrliches Gefühl.
Ich bin glücklich in meinem Körper.
Danke, liebes Universum.

DIE PASSENDEN UNIVERSUMSWORTE:

Gesundheit, Glück, Universum, Heilung, Vertrauen

Liebes Universum, wir wollen das Lach-Spiel spielen. Lachen fördert die Gesundheit und erhöht dazu noch unsere Energie.
Wir möchten mal wieder so richtig lachen, liebes Universum – aus gesundheitlichen Gründen natürlich.

Liebes Universum,
schick uns Gründe, über die wir uns ausschütten vor Lachen.
Am liebsten jetzt gleich.
Danke, liebes Universum.

Hat tatsächlich schon funktioniert. ☺ Bin selbst mal wieder total beeindruckt! Am Tag, nachdem ich dies hier aufgeschrieben hatte, rief mich eine Freundin an und wir bekamen einen richtigen Lachanfall – minutenlang. Ich muss immer noch lachen, wenn ich daran denke. So etwas hatte ich schon lange nicht mehr. Universum, ich liebe dich dafür.

Was wäre, wenn ...

Irdisches Problem

Du hast Angst vor einem Terroranschlag.

Universumslösung:

Es gibt einen Satz, der dich beschützt. Dieser Satz ist wie ein unsichtbarer Schutzmantel, den du dir umlegst, wenn du ihn aussprichst. Sage diesen Satz jeden Morgen, wenn du das Haus verlässt:

> Ich bin immer zur richtigen Zeit am richtigen Ort.
>
> Ich bin immer zur richtigen Zeit am richtigen Ort.
>
> Ich bin immer zur richtigen Zeit am richtigen Ort.

Angst erniedrigt deine Energie. Dieser Satz erhöht sie wieder. Und in einer hohen Energie sind wir unangreifbar.

Die richtige Vorstellungstechnik:

Wenn du bemerkst, dass sich eine unbegründete Angst einschleicht, gehe in deiner Vorstellung sofort zu etwas

Schönem, z. B. in die Vorfreude auf ein schönes Ereignis.
Freude frisst Angst auf.
Du kannst dich auch wunderbar in ein gelbes, warmes
Licht hüllen, es wird dich schützen.
Hast du aber das Gefühl, deine Angst will dich vor etwas
Konkretem schützen, dann handle.
Du spürst in deinem Inneren, welche Form der Angst es ist.

Die passende Universumsformulierung:

Liebes Universum,
ich bin immer zur richtigen Zeit am richtigen Ort.
Danke, dass du mich immer beschützt.

Die passenden Universumsworte:

Schutz, Geborgenheit, Vertrauen

Was wäre, wenn ...

IRDISCHES PROBLEM

Du sollst eine Präsentation vor einem größeren Publikum halten, traust dich aber nicht.

UNIVERSUMSLÖSUNG:

Trauen hat etwas mit Vertrauen zu tun. Wenn du dich also etwas nicht traust, dann fehlt es dir an Vertrauen in dich selbst. Woher kommt dieser Mangel an Vertrauen? Aus deiner Kindheit vielleicht?

Du hast das nicht nötig. Und du musst diese Aufgabe ja auch nicht allein bewältigen – das Universum ist die ganze Zeit an deiner Seite. Zu zweit seid ihr unschlagbar.

DIE RICHTIGE VORSTELLUNGSTECHNIK:

Stell dir vor, wie glücklich du nach der Präsentation bist und wie begeistert das Publikum ist. Schau von außen auf diesen Moment. Stell dir das Ende der Präsentation mit all deinen Sinnen vor und tauche einen Moment darin ein – spürst du, wie wohlgesonnen dir die Menschen begegnen? Kannst du fühlen, wie stolz du selbst auf dich bist? Kannst du sehen, wie dir jemand auf die Schulter klopft und sagt: »Toll gemacht!«

Sage dir auch selbst möglichst oft: »Das habe ich toll gemacht!« Dein Gehirn denkt dann, die Präsentation wäre bereits vorbei, sehr gut gelaufen, und wird jetzt dafür sorgen, dass genau das geschieht. Herzlichen Glückwunsch.

Die passende Universumsformulierung:

> Liebes Universum,
> meine Präsentation lief super.
> Ich bin ein richtiges Naturtalent.
> Ich bin so glücklich – das war großartig.
> Danke, dass du dabei warst.
> Danke, liebes Universum.

Die passenden Universumsworte:

Naturtalent, Begabung, begeistern, Charisma, zusammen

Dazu passt **diese Univerumsübung**:
Stell dich hin und breite deine Arme zu beiden Seiten aus. Atme tief ein und sage laut: »Das habe ich super gemacht. Ich bin stolz auf mich.« Das wirkt Wunder.

Das kann man übrigens auch gut mit Kindern machen, die Angst vor einem Referat haben oder davor, vor der Klasse zu sprechen.

Irdisches Problem

Du weißt nicht, ob du den neuen Job, eventuell sogar in einer anderen Stadt, annehmen sollst.

Universumslösung:

Soll ich oder soll ich nicht ...? Jetzt im Kreis zu denken, hilft nicht wirklich weiter. Dein Verstand kann dir hier letztlich auch nicht weiterhelfen, aber es gibt jemanden, der das kann: dein Zukunfts-Ich. Verabrede dich mit deinem Zukunfts-Ich – z. B. heute um 20 Uhr – und frage es, was richtig ist.

Die richtige Vorstellungstechnik:

Bei dieser wichtigen Entscheidung hilft diese Vorstellungstechnik: Stell dir vor, du würdest bereits in dem neuen Job arbeiten und eventuell in der neuen Stadt leben. Stell es dir genau vor: Wie fühlst du dich? Bist du glücklich an diesem neuen Ort? Reise in Gedanken an deinen neuen Arbeitsplatz und schau dich dort genau um. Hast du ein warmes und gutes Gefühl? Oder fühlt sich irgendetwas nicht richtig an? Wenn ja, was genau? Höre auf die Antworten aus deinem Bauch und deinem Herz!

DIE PASSENDE UNIVERSUMSFORMULIERUNG:

> Liebes Universum,
> mein Herz hat mir den richtigen Weg gezeigt.
> Ich folge meinem Herzen.
> Danke, liebes Universum.

DIE PASSENDEN UNIVERSUMSWORTE:

Richtig, Bauchgefühl, Erfolg, Glück, Zufriedenheit, danke, Herz

Dazu passt das **Universums-Entscheidungs-Spiel**

Liebes Universum, wie soll ich mich entscheiden? – Bitte das Universum, dir eindeutige Zeichen zu schicken. Das Universum antwortet auf die unterschiedlichsten Weisen – aber sei sicher, du wirst es verstehen. Vielleicht liest du jetzt immer wieder den Namen der neuen Stadt, oder du begegnest jemandem, der dir einen wichtigen Hinweis gibt – etwas, was du vielleicht noch nicht bedacht hattest, oder, oder, oder.

Hör auf dein Bauch- und dein Herzgefühl. Das gute Gefühl wird dir die richtige Richtung zeigen. Bald weißt du, was richtig ist ...

Was wäre, wenn ...

IRDISCHES PROBLEM

**Du möchtest ein höheres Gehalt,
traust dich aber nicht, danach zu fragen.**

UNIVERSUMSLÖSUNG:

Wie viel mehr Gehalt möchtest du denn? Setze gedanklich eine genaue Summe fest. Wenn du nur schwammig denkst: ›Ein höheres Gehalt ...‹ Dann bekommst du vielleicht 20 Euro mehr.

Und achte auf den richtigen Zeitpunkt: Es gibt günstige Zeiten, da stößt du auf offene Ohren, und es gibt Zeiten, die eher ungünstig sind für solche Anfragen.

DIE RICHTIGE VORSTELLUNGSTECHNIK:

Stell dir vor, wie du glücklich zu Hause erzählst, dass die Gehaltserhöhung genehmigt ist. Tauche ein in dieses Glücksgefühl. Immer wieder, bis es wahr geworden ist. Und sieh vor deinem inneren Auge die neue Gehaltsabrechnung mit dem höheren Gehalt. Stell dir vor, wie du sie in der Hand hältst und dich freust. Damit sendest du eine wunderbare Geldanziehungsenergie aus.

Die passende Universumsformulierung:

Liebes Universum,
ich verdiene hervorragend.
Mein Gehalt ist der Hammer.
Danke, das ist mega.
Ich freu mich total.

Die passenden Universumsworte:

Geldregen, Geldsegen, beste Bezahlung, Glück, Erfolg, ja, danke, Anerkennung

Sage dem Universum, dass es dir ein Zeichen geben soll, wann der beste Zeitpunkt für die Frage nach mehr Gehalt ist. Bis dahin kannst du schon mal unser Geld-Spiel spielen:

Liebes Universum,
ich finde in den nächsten 3 Tagen Geld.
Danke für die Spende, liebes Universum.

Ich habe das direkt auch mal wieder gespielt und es war wieder herrlich: Ich habe keine Stunde später 50 Euro in einer Schachtel gefunden. 50 Euro ist ja schon mal was. Und als ich unterwegs war, hatte ich fast den Eindruck, als ob das Universum vor mir hergelaufen ist und Geld für mich gestreut hat: Es lag richtig viel Geld auf dem Bürgersteig – okay, meistens nur 5- oder 10-Cent-Münzen, aber es geht ja um das Zeichen.

Achte auch mal darauf, wenn du unterwegs bist ...

Irdisches Problem

**Du hast schon wieder einen
herben Rückschlag erlebt.**

Universumslösung:

Ein Rückschlag ist kein Rückschlag, sondern ein Hinweis,
dass du etwas anders machen sollst. Nicht mehr und
nicht weniger. Lass davon dein Energielevel nicht absinken
– das schwächt dich zusätzlich. Begreife diesen Rückschlag als wertvolle Info, was du anders machen solltest.
Schau dir noch einmal genau an, an welcher Stelle, zu
welchem Zeitpunkt es »zurückgeschlagen« hat. Da sind
wertvolle Infos verborgen ...

Die richtige Vorstellungstechnik:

Stell dir vor, dein Anliegen sei bereits erfüllt und wahr –
tauche ein in diesen erfüllten Zustand und frag jetzt dein
Zukunfts-Ich, was es rückwirkend in dieser Situation getan
hat.
Dein Zukunfts-Ich kennt den richtigen Weg.

Rückschläge sind Hinweise. Damit ein Rückschlag deine Energie nicht absenkt, sage: »Danke, lieber Rückschlag, für die Hinweise.« Und dann tauche ein in das Gefühl der zukünftigen Erfüllung. Das erhöht die Energie.

DIE PASSENDE UNIVERSUMSFORMULIERUNG:

Liebes Universum,
ich bin unendlich glücklich, dass ich mein Ziel erreicht habe.
Danke, dass ich ... bin.
Danke, dass mein Traum wahr geworden ist.
Daaaaaanke, liebes Universum.

DIE PASSENDEN UNIVERSUMSWORTE:

Durchbruch, Erfolg, Geldregen, Erfolgsleiter, ja, Glück

Sag dem Universum, es soll dich unterstützen und dich mit Glücksbringern überschütten:

Liebes Universum,
ich finde einen Glücksbringer nach dem anderen.
Danke.

Es gibt ja viele Glücksbringer, du hast vielleicht auch einen ganz eigenen. »Amtlich genehmigt« sind auf jeden Fall diese: Schornsteinfeger, Glücksschweinchen, Kleeblätter, Marienkäfer, Hufeisen ...

IRDISCHES PROBLEM

**Du willst abnehmen,
aber keine Diät funktioniert.**

UNIVERSUMSLÖSUNG:

Punkt 1: Willst DU wirklich abnehmen oder möchtest du das nur, weil du glaubst, anderen dann besser zu gefallen? Klär das für dich. Das Wohlfühlgewicht ist eine gute Orientierung. In Wahrheit bist du perfekt, wie du jetzt bist.

Solltest du dennoch für dich selbst oder deine Gesundheit abnehmen wollen, dann benutze folgende Technik.

DIE RICHTIGE VORSTELLUNGSTECHNIK:

Stell dir vor, wie du auf der Waage stehst und glücklich die Zahl von deinem Wunschgewicht siehst. Das Sehen dieser Zahl setzt intensive Energien frei. Stell dir zusätzlich vor, wie du dich mit neuer Kleidung im Spiegel bewunderst. Klebe ein Foto mit einer guten Figur in dein Wunscherfüllungsbuch und klebe ein Foto von deinem Kopf darauf.

Dein Gehirn denkt dadurch, es wäre schon wahr geworden ... Diese Energie bewirkt Wunder.

DIE PASSENDE UNIVERSUMSFORMULIERUNG:

> Liebes Universum,
> ich bin überglücklich, dass ich ... kg wiege.
> Es fühlt sich herrlich an.
> Danke, liebes Universum.

DIE PASSENDEN UNIVERSUMSWORTE:

Freude, Leichtigkeit, Feder, Begeisterung, hüpfen, Spiegel

Dazu kannst du das Universums-Abnehm-Spiel spielen:

Wie viel möchtest du wiegen? Bei welchem Gewicht wärst du schon glücklich? Sagen wir mal, das wären z. B. 58 oder 64 kg oder 69 kg – kommt darauf an, von wo aus man startet. Jedes Mal, wenn du ab jetzt dieser Zahl begegnest, dann ist das eine Bestätigung für dich, dass du dieses Gewicht bald erreichen wirst. Und diese Zahl wird dir ab jetzt bestimmt häufiger begegnen, z. B. beim Bezahlen an der Kasse, auf Nummernschildern, bei Hausnummern etc. Es ist deine magische Zahl – und bald wirst du sie auch auf der Waage sehen ...
Sollte ich auch mal wieder spielen ...

Irdisches Problem

**Du bekommst eine Absage und
bist total geknickt.**

Universumslösung:

Zuerst einmal ist eine Absage immer nur ein Hinweis des Universums, dass dieser Weg NICHT richtig für dich gewesen wäre. Eine Absage ist in Wahrheit ein Geschenk an dich. Denn du dachtest ja, dieser Weg wäre gut für dich. Du solltest dich auf keinen Fall ärgern oder traurig sein. Eine Absage sollte dich, deine Energie, also nicht runterziehen, sondern eher das Gegenteil bewirken. Du kannst dir sagen: »Danke, dass ich beschützt werde.« Eine Absage ist in Wahrheit ein Beschützer. Nur verstehen wir das meistens nicht.

Nimm eine Absage also einfach zur Kenntnis mit der Erkenntnis, dass es etwas Besseres, etwas Passenderes für dich gibt – und freu dich gespannt darauf. In Wahrheit bringt dich jede Absage näher an dein wirkliches Ziel! Danke dafür, liebe Absage.

Die richtige Vorstellungstechnik:

Stell dir das Endergebnis vor – also wie du dich fühlen wirst, wenn du dein Traumleben lebst. Stell dir NICHT den Weg dahin vor. Das WIE ist unwichtig. Konzentriere dich auf die Vorstellung der Erfüllung. Damit sendest du Erfüllungsenergie aus! Und das ist genau die richtige Energie.

Die passende Universumsformulierung:

> Liebes Universum,
> danke, dass du mir immer den richtigen Weg zeigst.
> Und danke, dass du mich korrigierst.
> Danke, liebes Universum.

Die passenden Universumsworte:

Geführt, danke, Richtung, Vertrauen, loslassen

Um zu verhindern, dass wir bei einer Absage in unsere alten Verhaltensmuster zurückfallen und jammern, statt uns zu bedanken, sollten wir sofort nach Erhalt der Absage das »Dann-zeig-mir-mal-den-Weg-Spiel« mit dem Universum beginnen:

Liebes Universum,

ich bekomme ein eindeutiges Zeichen von dir, damit ich weiß, dass du mich führst und dass du hinter der Absage steckst.

Am liebsten heute noch, damit dieses fahle Absagegefühl verschwindet.

Und schick mir einen Geistesblitz, damit ich eine Idee bekomme, wohin die Reise geht.

Danke, liebes Universum.

IRDISCHES PROBLEM

Du wirst langsam ungeduldig.

UNIVERSUMSLÖSUNG

Jede Form von Ungeduld entfernt dich einen Schritt vom Ziel, von der Erfüllung. Bedenke immer: Das Gras wird nicht schneller wachsen, nur weil du daran ziehst. Jedes Mal, wenn du bei dir Ungeduld bemerkst, atme tief ein und aus – und verbinde dich mit dem Universum.
Sage dir:

> Ich weiß, dass mein Wunsch zur genau richtigen Zeit erfüllt ist.

> Ich weiß, dass mein Wunsch zur genau richtigen Zeit erfüllt ist.

> Ich weiß, dass mein Wunsch zur genau richtigen Zeit erfüllt ist.

> Ich weiß, dass mein Wunsch zur genau richtigen Zeit erfüllt ist.

So lange, bis tiefer Frieden und Vertrauen dich erfüllen.

DIE RICHTIGE VORSTELLUNGSTECHNIK:

Auch hier gilt wieder: Bei der leisesten Ungeduld sofort in den Erfüllungszustand eintauchen. Fühle, wie glücklich du bist, dass sich dein Wunsch erfüllt hat. Stell es dir mit allen Sinnen vor.

Ungeduld mag kein Glück – Ungeduld will Zweifel säen. Dein Eintauchen ins Glücklichfühlen vertreibt die nervige Ungeduld.

DIE PASSENDE UNIVERSUMSFORMULIERUNG:

> Liebes Universum,
>
> danke, dass mein Ziel im genau richtigen Moment erreicht ist.
>
> Danke, dass du alles aufeinander abstimmst, so dass es am Ende wundervoll passt.
>
> Du bist ein wundervoller Dirigent.
>
> Danke, liebes Universum.

DIE PASSENDEN UNIVERSUMSWORTE:

Geduld, Vertrauen, Gewissheit, innerer Frieden, Glaube, Erfüllung

Wenn du merkst, dass sich ein Gefühl der Ungeduld einschleicht, dann gibt es einen wunderbaren Universumstrick dagegen: Der »Wir-gehen-nach-draußen-Trick«.

Schau dir die Natur an und lass dir vom Universum die Augen öffnen:

Ist der Apfelbaum ungeduldig, weil die Äpfel nicht schneller reifen?

Ist das Gras ungeduldig, weil es schneller wachsen will?

Ist der Mond ungeduldig, weil er schneller um die Erde kreisen will?

Ist die Rose ungeduldig, weil sie schneller aufblühen möchte?

Ungeduld würde zu nichts führen – alles braucht eine gewisse Zeit. Stattdessen solltest du dich einschwingen in den Universumsmodus und wissen, dass alles zur richtigen Zeit geschieht.

Irdisches Problem

**Dein Partner findet keine Arbeit.
Das belastet dich.**

Universumslösung

Du weißt, alle negativen Gefühle oder Sorgen lassen deine Energie absinken. Und genau das ist kontraproduktiv. Sich Sorgen zu machen macht unglücklich und führt zu keiner Lösung. Nimm die Umstände (einfach) zur Kenntnis und beschließe, deinen Teil zur Lösung beizutragen. Wie? Über Gedankenenergie.

Die richtige Vorstellungstechnik:

Stell dir vor, wie ihr beiden glücklich zusammen eure Freizeit verbringt. Sieh vor deinem inneren Auge, wie dein Partner dir abends glücklich und erfüllt mit leuchtenden Augen von seiner/ihrer Arbeit erzählt. Stell dir vor, wie du die Flasche Sekt öffnest und ihr die Zusage zur neuen Stelle feiert. Ihr nehmet euch in die Arme und seid einfach nur glücklich. Stell dir das so lange vor, bis es eingetreten ist.

Die passende Universumsformulierung:

Liebes Universum,

... (Name deines Partners) ist überglücklich.

Danke, dass du ihn/sie zu dieser tollen Stelle geführt hast.

Danke, liebes Universum, mir fällt ein Stein vom Herzen.

Die passenden Universumsworte:

Erleichterung, Glücksgefühle, Erfüllung, zusammen, Geldregen

In der Zwischenzeit kannst du deinem/r Partner/in vom Universum erzählen – aber behutsam. Das Thema Universum stößt vor allem bei Männern nicht immer auf offene Ohren, aber es ist einen Versuch wert.

Versuche, deinen/e Partner/in mit dem Universumsmodus anzustecken. Bestell dir mit ihm/ihr zusammen etwas – wenn das dann geliefert wird, beginnt sie/er nachzudenken, was noch alles möglich ist ...

Universumsunterstützung hat noch niemandem geschadet, aber schon sehr vielen Menschen sehr, sehr viel Glück gebracht.

Was wäre, wenn ...

IRDISCHES PROBLEM

Du brauchst einen Kredit von der Bank.

UNIVERSUMSLÖSUNG:

Wofür benötigst du denn diesen Kredit? Für ein Haus, eine Wohnung, eine Ausbildung etc.? Natürlich musst du dich um die Finanzierung kümmern, informiere dich und handle zielgerichtet. Aber verbringe gleichzeitig auch mental Zeit in der Erfüllung – tue in Gedanken so, als sei dein Wunsch bereits verwirklicht.

DIE RICHTIGE VORSTELLUNGSTECHNIK:

Stell dir nun vor, wie du in der Verwirklichung deines Wunsches lebst: Also wie du in dem Haus, der Wohnung, der Ausbildung ... glücklich bist. Stell dir das immer wieder vor – ganz intensiv, mit möglichst bunten Gefühlen. Gefühle sind Erfüllungsverstärker. Gefühle sind neurologische Verstärker.
Diese Energie wird dafür sorgen, dass dein Wunsch sich verwirklicht. Dein Beitrag zur Verwirklichung ist auch die intensive Vorstellung des Erfüllungszustandes.

Die passende Universumsformulierung:

Liebes Universum,

danke, dass (hier die Erfüllung eintragen, also z. B. wir in diesem herrlichen Holzhaus leben).

Danke für die Erfüllung. Ich wusste immer, dass es wahr wird.

Danke, liebes Universum.

Die passenden Universumsworte:

Erfüllung, danke, Glück, ja, herzlichen Glückwunsch, ich wusste es schon immer

Solltest du wider Erwarten den nötigen Kredit nicht bekommen, dann wird die Erfüllung anders eintreffen: Vielleicht landest du jetzt bei einer anderen Bank mit – erst auf den zweiten Blick – besseren Konditionen. Oder vielleicht machst du eine unerwartete Erbschaft von einer Tante aus Timbuktu, von deren Existenz du bis jetzt nicht mal wusstest ... Die Wege des Universums sind vielschichtig. Es passieren Dinge zwischen Himmel und Erde, die können wir uns nicht vorstellen. Aber alles ist möglich.

Bleibe einfach immer im Universumsmodus und freu dich auf die Verwirklichung. Denn wenn du dein Auto in die

Werkstatt bringst, stehst du auch nicht daneben und schaust dem Mechaniker die ganze Zeit auf die Finger, was er so macht. Du holst das Auto einfach ab, wenn es fertig ist, und fährst los. Lass auch das Universum einfach seine Arbeit machen ...

Was wäre, wenn ...

IRDISCHES PROBLEM

Du bemerkst, dass du viel zu kopfgesteuert bist.

UNIVERSUMSLÖSUNG:

Dein Kopf kann Strategien entwickeln etc., aber Wünsche erfüllen kann er alleine nicht. Dazu brauchen wir die Herzenergie plus intensive Glücksgefühle. Jedes Mal, wenn du bemerkst, dass dein Kopf die Kontrolle über dein Leben übernommen hat und du vor lauter To-do-Listen die schönen Dinge des Lebens nicht mehr wahrnimmst, setze dich kurz hin, atme tief ein und sage dir diesen Satz vor:

> Es ist MEINE Lebenszeit.
> Ich tue, was mein Herz mir sagt.
>
> Es ist meine Lebenszeit.
> Ich tue, was mein Herz mir sagt.

Tue immer, was dein Herz dir sagt!

DIE RICHTIGE VORSTELLUNGSTECHNIK:

Konzentriere dich immer mal wieder auf dein Herzgefühl. »Danke, lieber Kopf, für deine Dienste, aber jetzt ist mein Herz dran.«

DIE PASSENDE UNIVERSUMSFORMULIERUNG:

Liebes Universum,
ich tue, was mein Herz mir sagt.
Mein Herz kennt meinen Weg.
Danke, liebes Universum.

DIE PASSENDEN UNIVERSUMSWORTE:

Herz, Seele, Frieden, Gelassenheit, Glück

Dazu passt das »Schenk-mir-dein-Herz-Universums-Spiel«:

Jedes Herz, das du siehst, erinnert dich daran, dass DU auf dein Herz hören sollst und nicht nur auf deinen Verstand.

Liebes Universum,
schenk mir Herzen zur Erinnerung.
Danke, liebes Universum.

Und jetzt achte mal darauf, wie oft dir Herzen begegnen. Übrigens: Je kopfgesteuerter du bist, umso mehr Herzen wird dir das Universum zur Erinnerung schicken. Ich kann ein Lied davon singen ...

Irdisches Problem

Du machst dir Sorgen um dein Kind.

Universumslösung:

Vorsicht vor dem Sorgenmachen. Ist gut gemeint, bringt aber nichts. Wenn du dir Sorgen machst, schwächst du dich und dein Kind noch zusätzlich. Sorgenenergie zieht dich runter – und ganz schlimm: nicht nur dich, auch denjenigen, um den du dich sorgst. Liebevolle Energie und tiefes Vertrauen dagegen bereichern alle.

Die richtige Vorstellungstechnik:

Stell dir vor, wie dein Kind glücklich und erfüllt ist – im Kindergarten, in der Schule, im Studium, bei der Arbeit ... Stell dir in Gedanken vor, wie ihr glücklich zusammensitzt und es dir voller Freude von seinem glücklichen Leben erzählt. Es scheint wie ausgewechselt, wie befreit zu sein. Kannst du dir das vorstellen? Stell dir vor, wie erleichtert und glücklich auch du jetzt bist. Stell dir das immer wieder vor.

DIE PASSENDE UNIVERSUMSFORMULIERUNG:

Liebes Universum,

danke, dass ... (Name deines Kindes) endlich glücklich ist und dass er/sie seinen/ihren Platz gefunden hat.

Ich bin unendlich froh und erleichtert.

Danke, dass du dich wieder gekümmert hast.

Danke, liebes Universum.

DIE PASSENDEN UNIVERSUMSWORTE:

Vertrauen, Liebe, Licht, loslassen, Glück

Von Herz zu Herz:

Hülle dein Kind in Gedanken immer wieder liebevoll in Licht ein und schicke ihm positive Energie. Liebe bedeutet: deinem Kind und dem Universum vollstes Vertrauen entgegenzubringen. Die beiden machen das schon ...

Was wäre, wenn ...

IRDISCHES PROBLEM

**Du hast eine Scheidung hinter dir
und leidest immer noch darunter.**

UNIVERSUMSLÖSUNG:

Jeder Gedanke an die Zeit der Scheidung schwächt dich
und zieht dein Energielevel Richtung Abgrund. Das Ergebnis ist Verbitterung. Verbitterung führt aber nicht zum
Glück.

Die unschöne Erfahrung liegt hinter dir. Es gibt nur eine
einzige Lösung: mit dir selbst wieder in Frieden zu kommen
– denn das ist die Grundvoraussetzung zum Glücklichsein: eigener innerer Frieden! Die Lösung heißt: **nach
vorne fühlen.**

DIE RICHTIGE VORSTELLUNGSTECHNIK:

Fühle, wie glücklich du bist in deinem neuen Leben –
vielleicht an der Seite deines neuen Partners, den du
jetzt in dein Leben ziehst. Spüre deinen tiefen inneren
Frieden und reiche in Gedanken deinem Expartner die

Hand – egal, was passiert ist. Und dann dreh dich innerlich um und wende dich deinem neuen Leben zu. Es wird wieder wunderschön sein.

Tauche ein in diese Zukunftsenergie – nur diese Energie führt dich zu einem neuen Glück.

Die passende Universumsformulierung:

> Liebes Universum,
> danke, dass ich wieder so glücklich bin.
> Danke für dieses wunderschöne Leben.
> Ich bin eins mit mir.
> Danke, liebes Universum

Die passenden Universumsworte:

Glück, danke, Erleichterung, Herzensfreude, innerer Frieden

Nach vorne fühlen – das ist dein Weg. Und dazu kannst du wunderbar das Universumsspiel »Innerer Frieden« spielen:

Jedes Mal, wenn du irgendwo eine Buddhafigur siehst, lächelst du sie an, atmest tief ein und freust dich über deinen inneren Frieden. Jedes Mal, wenn du eine Buddhafigur siehst, sagst du dir diesen Satz: »Ich bin glücklich und spüre diesen tiefen inneren Frieden.« Innerer Frieden ist der Boden auf dem endlich dein neues Glück wachsen kann.

Was wäre, wenn ...

IRDISCHES PROBLEM

**Du hast Schulden und langsam
werden die Sorgen immer drückender?**

UNIVERSUMSLÖSUNG:

Auch hier gilt wieder: Das Sorgenmachen wird nichts lösen. Es wird dich nur noch weiter schwächen. Stell dir auch bitte keinesfalls vor, wie die Schlinge sich immer weiter zuzieht. Diese Vorstellung wird sonst wahr. Kreiere stattdessen sooft wie möglich gedanklich finanziellen Wohlstand. Wichtig ist, dass du den Teufelskreislauf unterbrichst und dich von deinen Sorgen nicht noch tiefer runterziehen lässt. Je tiefer du in Sorgen versinkst, umso weiter entfernt sich die Lösung von dir.

DIE RICHTIGE VORSTELLUNGSTECHNIK:

Stell dir vor, wie du glücklich deine Rechnungen bezahlst. Stell dir vor, wie du dich glücklich über deinen hohen Kontostand freust. Stell dir vor, wie du deinen Kindern ein schönes Geschenk kaufst. Stell dir vor, wie du glücklich shoppen gehst und dir etwas Schönes kaufst. Stell dir vor, wie du durch die Schuldenmauer hindurchgehst und auf der Sonnenseite heraustrittst. Diese Vorstellungsenergie ist sehr intensiv. Nutze diese Energie für dich, und stell dir dies alles sooft wie möglich vor. Und sei aufmerksam, wahrscheinlich wird dir bald ein Job angeboten oder ein Geschäft vorgeschlagen werden – oder etwas anderes in dieser Richtung geschieht.

DIE PASSENDE UNIVERSUMSFORMULIERUNG:

Liebes Universum,

ich lebe ein wunderschönes, unbeschwertes, fröhliches Leben.

Endlich kann ich mir auch mal etwas Schönes leisten.

Danke, liebes Universum.

Ich bin sehr, sehr glücklich und dankbar dafür.

DIE PASSENDEN UNIVERSUMSWORTE:

Fülle, Glück, Freiheit, danke, offene Türen, Leichtigkeit

Um das Empfangen zu üben, kannst du das Universum schon mal um ein Geschenk bitten. Das ist eine wunderbare

Übung, um die Lieferweise des Universums besser kennenzulernen:

> Liebes Universum,
> ich bekomme ein Geschenk.
> Heute oder morgen.
> Danke, liebes Universum.

Mal sehen, was es dieses Mal ist ...

P.S. Lass offen, welches Geschenk. Wenn du schon etwas Bestimmtes im Kopf hast, blockierst du die vielen Möglichkeiten des Universums! Das Lächeln von einer fremden Person kann ja z. B. auch ein Geschenk sein – oder eine Einladung zum Tee oder zum Essen ... Lassen wir uns überraschen.

P.P.S Liebes Universum, ich hab mir gerade überlegt, ich möchte gerne ein spektakuläres Geschenk! Danke.

Was wäre, wenn ...

IRDISCHES PROBLEM

Du möchtest einen unbefristeten Arbeitsvertrag.
Dich stressen diese 6- oder 12-Monats-Verträge.

UNIVERSUMSLÖSUNG:

Konzentriere dich nicht zu sehr auf diese zeitliche Beschränkung, sonst verleihst du ihr damit ganz unbewusst viel zu viel Macht. Konzentriere dich lieber darauf, wie viel Freude dir die Arbeit macht.
Fühle dich auch nicht unsicher – Unsicherheit senkt deine Energie ab. Sicherheit zieht Sicherheit an. Alles wird gut.

DIE RICHTIGE VORSTELLUNGSTECHNIK:

Stell dir vor, wie glücklich deine Firma ist, dass sie dich als Mitarbeiter hat. Stell dir vor, wie dein/e Chef/in deine Arbeit anerkennt. Sage dir in Gedanken folgenden Satz: ›Ich bin so glücklich mit der Arbeit in meiner Firma – mein/e Chef/in ist hochzufrieden mit mir und vertraut mir blind. Wir sind ein tolles Team.‹ Und nun sieh vor deinem inneren Auge, wie du begeistert den unbefristeten Vertrag in deinen Händen hältst. Stell dir vor, wie du das mit deiner Familie feierst. Herzlichen Glückwunsch.

Die passende Universumsformulierung:

Liebes Universum,
danke für diesen unbefristeten Vertrag.
Das bedeutet mir viel.
Jetzt fühle ich mich sicher.
Danke, liebes Universum.

Die passenden Universumsworte:

Danke, Sicherheit, ja, unbefristet, herzlichen Glückwunsch

Und ab jetzt achte auf dein Gefühl, auf die Zeichen und auf dein Bauchgefühl – wenn alles stimmt, trau dich, nach dem unbefristeten Vertrag zu fragen. Du spürst, wann der richtige Zeitpunkt ist.

Und dazu kannst du das Spiel mit der liegenden 8 spielen:
Eine liegende 8 ist ja das Zeichen für Unendlichkeit. In unserem Fall ist sie jetzt das Zeichen für einen »unendlichen« Vertrag. Jede 8 ist eine Erinnerung: Lege jede 8, die du siehst, in Gedanken hin und sage dazu: »Danke für

den unbefristeten Vertrag, liebes Universum. Ich danke dir unendlich dafür.«

Bei dieser unglaublichen Energie, die du damit aussendest, kann es sogar sein, dass dir der unbefristete Vertrag von alleine angeboten wird. 8ung – das wird spannend!

Was wäre, wenn ...

IRDISCHES PROBLEM

Du wünschst dir einen Neuanfang.

UNIVERSUMSLÖSUNG:

Was genau soll denn neu anfangen? Und was erhoffst du dir davon?

Überlege dir, welcher Teil von dir neu anfangen möchte. Stell deinen Sender, deine Frequenz auf das ein, was du in dein Leben ziehen möchtest.

DIE RICHTIGE VORSTELLUNGSTECHNIK:

Stell dir die neue Situation und die neuen Gegebenheiten, die du haben möchtest, vor. Lebe in Gedanken in diesem Neuanfang. Geh in dieser Welt umher und schau dich um. Kreiere diese Welt in deinen Gedanken möglichst ausführlich und kreiere auch Details. Halte dich gedanklich öfter in deiner Neuanfangwelt auf. Mit dieser Gedanken-Kreations-Energie setzt du sehr viel in Bewegung.

Die passende Universumsformulierung:

Liebes Universum,
danke von Herzen für diese tolle neue Chance.
Ich bin ein echtes Glückskind.
Danke, liebes Universum.

Die passenden Universumsworte:

Neuanfang, Glückskind, Chance, zugreifen, danke

Am besten du gestaltest für deinen Neuanfang schon einmal eine passende Collage, deine Neuanfangs-collage:

Klebe darauf Fotos und Bilder aus Zeitungen, die deinen Neuanfang widerspiegeln, und schreibe die Universums-worte dazu. Damit sendest du eine wunderbare Neuan-fangsenergie aus. Und achte mal darauf, ob dir »zu-fällig« das Wort Neuanfang plötzlich immer wieder be-gegnet – oder vielleicht auch die Worte von Hermann Hesse: »Jedem Anfang wohnt ein Zauber inne ...« Wenn ja, dann sind das Zeichen des Universums.

Was wäre, wenn ...

IRDISCHES PROBLEM

Du hast Probleme oder Ärger mit einem Freund –
dir ist diese Freundschaft aber wichtig.

UNIVERSUMSLÖSUNG:

Ärger zieht deine Energie herunter. Eine kaputte Freundschaft auch. Intakte Freundschaften hingegen erhöhen
deine Energie. Es lohnt sich also, den Ärger zu beseitigen.

DIE RICHTIGE VORSTELLUNGSTECHNIK:

Stell dir vor, wie du und dein/e Freund/in zusammen
Zeit verbringt. Stell dir vor, wie ihr beide essen geht, wie
ihr lacht, wie ihr euch trefft, wie ihr euch in den Arm
nehmt. Und fühle dabei, wie glücklich ihr beide jetzt wieder seid, wie verbunden ihr euch fühlt. Die Vorstellung
und die intensiven liebevollen und glücklichen Gefühle
werden zu einer Versöhnung führen.

DIE PASSENDE UNIVERSUMSFORMULIERUNG:

Liebes Universum,

es ist so schön, mit ... (Name deiner Freundin/
deines Freundes).

Danke für diese wunderschöne, starke
Freundschaft.

Ich bin glücklich, dass wir wieder versöhnt sind.

Danke, liebes Universum.

DIE PASSENDEN UNIVERSUMSWORTE:

Freundschaft, Freude, Glück, Lachen, Verbundenheit

Sag dem Universum, es soll dafür sorgen, dass dein/e
Freund/in sich auch mit dir wieder versöhnen möchte.
Und dann soll das Universum dafür sorgen, dass ihr euch
»zufällig« trefft:

Liebes Universum,

ich treffe ... (Name deiner Freundin/deines
Freundes) ganz zufällig und wir sind beide
superglücklich darüber.

Danke, liebes Universum.

Und jetzt überlege dir schon mal, was du sagst. Vielleicht
schlägst du vor, dass ihr zusammen einen Kaffee trinken
geht?

Was wäre, wenn ...

IRDISCHES PROBLEM

Du möchtest unbedingt eine bestimmte Ausbildungsstelle – aber du glaubst, dass sie dich nie und nimmer nehmen.

UNIVERSUMSLÖSUNG:

Vorsicht: Dein eventueller Zweifel kann die Zusage verhindern. Zweifel senkt deine Energie ab. Vorfreude dagegen erhöht deine Energie und zieht das richtige Ergebnis an.

DIE RICHTIGE VORSTELLUNGSTECHNIK:

Stell dir vor, wie du bereits in deinem Wunschberuf arbeitest. Stell dir das immer wieder vor. Stell dir vor, wie du in einem tollen Team mit tollen Kollegen arbeitest. Stell dir vor, wie du glücklich dein Abschlusszeugnis als ... in deinen Händen hältst. Stell dir diese Szene immer wieder vor. Du kannst stolz auf dich sein.

DIE PASSENDE UNIVERSUMSFORMULIERUNG:

Liebes Universum,
die Ausbildung zur/m ... war toll.
Danke für diese tolle Firma.
Und danke, dass ich übernommen wurde.
Danke, liebes Universum.

DIE PASSENDEN UNIVERSUMSWORTE:

Danke, Erfüllung, Traumberuf, geschafft, ja

Und sollte es bei der Firma, die du dir wünschst, nicht klappen, dann sei froh, denn dann wurdest du vom Universum beschützt. Du wirst zu einer passenderen Stelle geführt – das ist so, auch wenn du das vielleicht im Moment noch nicht glaubst.

Bleibe in der höheren Energie – dann wirst du an den genau richtigen Platz geführt. Und stell dir vor, wie du stolz dein Abschlusszeugnis in den Händen hältst. Herzlichen Glückwunsch zur bestandenen Prüfung!

Was wäre, wenn ...

Irdisches Problem

Du machst dir Sorgen über den Zustand der Welt.

Universumslösung:

Auch hier gilt wieder: Sorgen machen löst nichts. Wenn du dir Sorgen machst, senkst du dein Energielevel rapide ab – das schwächt dich und damit hilfst du weder der Welt noch dir selbst. Engagiere dich stattdessen und leiste deinen Beitrag, füttere die Welt mit guter Energie! Wenn du glücklich bist, steigt deine Energie – und diese gute Energie überträgt sich auf andere, auf die Welt. Ja, du darfst glücklich sein – du sollst sogar glücklich sein.

Die richtige Vorstellungstechnik:

Schließe deine Augen und höre in dich hinein: In welchem Bereich würdest du dich gerne engagieren oder etwas ändern? Höre, was dein Herz dazu sagt. Engagiert sein erhöht deine Energie und macht dich glücklich. Stell dir vor, wie du andere Menschen glücklich machst. Stell dir vor, wie glücklich du selbst dich dabei fühlst.

DIE PASSENDE UNIVERSUMSFORMULIERUNG:

> Liebes Universum,
> ich bin glücklich in dieser Welt.
> Danke dafür.

DIE PASSENDEN UNIVERSUMSWORTE:

Freude, einbringen, Schönheit, Wunder, Blumen

In der Zeit, in der du dir Sorgen machst, kannst du stattdessen auch auf die schönen Dinge achten. Unsere Welt steckt voller Wunder – an jeder Ecke können wir welche entdecken.

> Liebes Universum,
> ich begegne wunderschönen Dingen.
> Heute, den ganzen Tag.
> Danke.

Eigentlich musst du jetzt nur noch die Augen offen halten ...

Was wäre, wenn ...

Irdisches Problem

**Du hast ständig Streit
mit deinem Partner oder deiner Familie.**

Universumslösung

Jede Art von Streit senkt unser Energielevel in Sekundenschnelle. Streit ist Gift für uns. Streit wirkt, als ob das Licht ausginge. Streit entsteht häufig aus innerer Unzufriedenheit. Meist liegt die Ursache für den Streit tiefer – nicht nur in dem sichtbaren Grund. Nehmen wir mal das Beispiel Unordnung: Du streitest dich mit deinem Partner über seine/ihre Unordnung. Dich bringt die Unordnung richtig auf die Palme. Aber der tiefere Grund sind die Rücksichtslosigkeit und der mangelnde Respekt dir gegenüber. Du fühlst dich gekränkt. Und genau dieses Empfinden steckt hinter den meisten Familienproblemen – das ist es, was zum Streit führt.

Die richtige Vorstellungstechnik:

Stell dir vor, wie glücklich ihr wieder miteinander seid. Erinnere dich an die guten Zeiten. Was schätzt du an dem anderen besonders? Denke an diese Eigenschaften. Stell dir vor, wie ihr zusammen lacht und Freude habt.

DIE PASSENDE UNIVERSUMSFORMULIERUNG:

Liebes Universum,

wir begegnen uns gegenseitig mit Liebe und Achtung.

Wir beide sind unendlich glücklich, dass wir uns haben.

Danke, liebes Universum.

DIE PASSENDEN UNIVERSUMSWORTE:

Frieden, Harmonie, Respekt, Zuneigung, Achtung, Rücksicht, Liebe

Und jetzt gehen wir auf die Couch – auf die Universumscouch:

Setz dich in Gedanken mit deinem Partner auf eine Couch, und jetzt darf jeder von euch sagen, was ihn an dem anderen stört. Lass deinen Partner auch ausreden. Anschließend sagt ihr euch gegenseitig, was ihr besonders an dem anderen liebt und schätzt.

Sich bewusst zu machen, was das Besondere an dem anderen ist, ist der erste Schritt zur Lösung.

Was wäre, wenn ...

IRDISCHES PROBLEM

**Du möchtest dich gesund ernähren,
bestellst dann aber doch lieber beim Lieferservice.**

UNIVERSUMSLÖSUNG:

Leider ist meistens von den Vitaminen nicht mehr viel übrig, wenn das Essen bei dir ankommt. Und eine reiche Vitaminzufuhr ist wichtig für unser hohes Energielevel. Keine Zeit zum Kochen? Keine Zeit gibt's nicht – für Netflix haben wir ja auch Zeit. Du kannst dich ganz einfach auf gesundes Essen programmieren.

DIE RICHTIGE VORSTELLUNGSTECHNIK:

Stell dir vor, wie du glücklich dein gesundes Essen zubereitest und isst. Stell dir vor, wie dein Körper sich freut, wenn er dein köstliches Gemüse bekommt. Stell dir vor, wie dir das Wasser im Mund zusammenläuft. Gesundes Essen zu kochen dauert nicht länger als 20 Minuten. Das sind aber die vielleicht wichtigsten 20 Minuten für deinen Körper.

Die passende Universumsformulierung:

Liebes Universum,
meine Ernährung ist top.
Ich liebe die Frische und die Farben.
Mein Essen macht glücklich.
Danke, dass wir alles haben.

Die passenden Universumsworte:

Frische, Vitamine, Gesundheit, Freude

Kleiner Trick:
Statt in der Küche den Plan vom Pizza-Taxi aufzuhängen, könntest du besser eine Collage mit köstlichem frischem Essen, mit Obst, Gemüse und Co. aufhängen. Alleine die Farben machen Lust auf ein gesundes und leckeres Essen.

Universum, wir laden dich zum Essen ein.
Heute um 19 Uhr.

Was wäre, wenn ...

IRDISCHES PROBLEM

Du arbeitest selbstständig und irgendwie
stellt sich der Erfolg nicht ein.
Du hast das Gefühl, du arbeitest und arbeitest,
aber nichts bewegt sich.

UNIVERSUMSLÖSUNG

Manchmal ist diese Situation auch ein Hinweis darauf,
dass du vielleicht einen anderen Weg gehen solltest.
Das kannst aber nur DU wissen. Frage dein Herz – diese
Antwort ist die richtige.
Manchmal müssen wir allerdings auch einfach beharrlich
bleiben – jede Entwicklung braucht ihre Zeit. Wenn dir
dein Herz geraten hat, weiter an deinem Projekt zu arbeiten, dann wende zusätzlich diese Vorstellungstechnik an:

DIE RICHTIGE VORSTELLUNGSTECHNIK:

Stell dir vor, wie dein Betrieb/Projekt erfolgreich ist. Stell
dir vor, wie du mit Aufträgen überschüttest wirst. Lies in
Gedanken den Artikel über dich, der dann in der Zeitung

stehen wird. Sieh, wie du Mitarbeiter einstellst und wie glücklich du über die Erfüllung deines Herzenswunsches bist. Stell dir vor, wie du vor dem Spiegel stehst und stolz zu dir selbst sagst:

Ich habe es geschafft.

Ich habe es tatsächlich geschafft!

»Ich habe es geschafft« sendet eine ungeheuer starke Energie aus.

Die passende Universumsformulierung:

Liebes Universum,

es boomt.

Die Leute überschütten mich mit Aufträgen.

Wahnsinn – ich muss sogar noch Mitarbeiter einstellen.

Danke, liebes Universum.

Das ist unglaublich.

Die passenden Universumsworte:

Boom, Run, Erfolg, Wahnsinn, Durchbruch, Begeisterung

Kleiner Universumstrick:

Jeden Morgen nach dem Zähneputzen die Arme nach oben strecken und laut zu dir selbst sagen: »Ja, ich hab's geschafft! Danke, liebes Universum – zusammen sind wir beide unglaublich.«

Irdisches Problem

Du hast Probleme mit deinem/r Chef/in.

Universumslösung

Ein Problem ist auch hier wieder einmal ein Hinweis darauf, dass es etwas zu ändern, aufzulösen gibt. Das Projekt ist, deine/n Chef/in zu deinem Unterstützer und Freund zu machen.

Die richtige Vorstellungstechnik:

Stell dir vor, wie ihr beide zusammensitzt und hochmotiviert und gemeinsam über ein spannendes Projekt sprecht. Stell dir vor, wie dein/e Chef/in deine Qualifikationen und Talente in der Teambesprechung lobt. Stell dir jetzt auch mal vor, du seist dein Chef: Was würdest du über dich sagen?

DIE PASSENDE UNIVERSUMSFORMULIERUNG:

Liebes Universum,
mein/e Chef/in und ich sind ziemlich beste
Freunde.
Endlich! Wir halten zusammen!
Danke, liebes Universum.

DIE PASSENDEN UNIVERSUMSWORTE:

Zusammenhalt, Unterstützung, Team, gemeinsam, Anerkennung

Du und dein/e Chef/in – ihr seid ein tolles Team. Sende diese Teamenergie aus – das ist dein Beitrag. Dann kann jetzt das Gesetz der Anziehung in Aktion treten ...
Und sage dir dazu:

Danke, dass ich endlich die richtige
Anerkennung erfahre.

Danke, dass ich endlich die richtige
Anerkennung erfahre.

Danke, dass ich endlich die richtige
Anerkennung erfahre.

Liebes Universum, bring uns in den »Anerkannt-werden-Modus« und schicke uns schon mal Lob und Anerkennung, egal von wem.

Liebes Universum,
ich bekomme Lob und Anerkennung.
Endlich.
Danke, liebes Universum. Das habe ich auch verdient.

IRDISCHES PROBLEM

Du hast Angst, dich mit einem Virus anzustecken.

UNIVERSUMSLÖSUNG:

Auch hier wird dich die Angst eher schwächen als stärken. Angst ist kein guter Berater. Bleibe sachlich und verhalte dich dementsprechend, aber lasse die Angst nicht zu. Angst schwächt unser Immunsystem empfindlich. Angst schadet der Gesundheit.

DIE RICHTIGE VORSTELLUNGSTECHNIK:

Stell dir vor, wie stark dein Abwehrsystem funktioniert. Stell dir vor, um dich herum ist eine unsichtbare Hülle, durch die du geschützt bist.

DIE PASSENDE UNIVERSUMSFORMULIERUNG:

Liebes Universum,
mein Körper ist stark und ich bin rundum gesund.
Danke für mein tolles Immunsystem.

DIE PASSENDEN UNIVERSUMSWORTE:

Stärke, Abwehr, Gesundheit, Vertrauen

Ein guter Trick zur zusätzlichen Stärkung unseres Immunsystems:

Statt sich ängstlich zu verstecken, lieber raus in die Natur gehen. In der Natur, in diesem Universum ist alles, was wir brauchen. Jede Naturminute ist eine Powerspritze für unsere Zellen und eine Powerspritze für unser Energielevel.

Kennst du die Geschichte vom Seuchengott?
Der Seuchengott kommt vorbei und kündigt an, dass er 100 Menschen holen wird. Kurze Zeit später sterben aber 900 Menschen.
Die Überlebenden fragen den Seuchengott: »Du hast gesagt, du holst 100 von uns, du hast aber 900 geholt.«
Da antwortet der Seuchengott: »Nein, das war ich nicht. Ich habe 100 geholt – die anderen 800 Menschen hat die Angst geholt.«

Irdisches Problem

Du hast Angst, etwas nicht zu schaffen.

Universumslösung

Was glaubst du, eventuell nicht schaffen zu können? Und warum glaubst du das? Wie kommst du darauf? Du kannst alles schaffen – jeder kann alles schaffen, und das weißt du auch. Die Frage ist vielleicht eher: Willst du, dass du es schaffst? Willst du das wirklich?

Die richtige Vorstellungstechnik:

Stell dir vor, dass es vollbracht ist, dass du es vollbracht hast. Stell dir vor, wie stolz und glücklich du dich danach fühlst. Sage dir innerlich immer wieder diesen Satz: »Es ist vollbracht. Es ist vollbracht. Es ist vollbracht. Ich habe es tatsächlich geschafft.«

Du kannst alles schaffen – wenn du es wirklich willst. Die Grenze ist nur in unserem Kopf. In Wahrheit gibt es keine Grenzen.

DIE PASSENDE UNIVERSUMSFORMULIERUNG:

Liebes Universum,
ich hab's geschafft – wie wundervoll.
Als Nächstes mache ich ...
Ich kann alles schaffen. Endlich.
Danke, liebes Universum.

DIE PASSENDEN UNIVERSUMSWORTE:

Alles ist möglich, geschafft, grenzenlos, Energie, Möglichkeit

Dazu passt das Motivationsspiel oder die »Sei-mein-Coach-Bitte« an das Universum:

Liebes Universum,
schick mir Menschen, die mich motivieren.
Menschen, die mein Selbstvertrauen stärken.
Danke, liebes Universum.

Damit wir uns in den Motivationsmodus begeben, können wir ja selbst schon mal beginnen, andere Mensch zu motivieren. Dann sieht das Universum, dass wir es ernst meinen. Außerdem gilt wieder: Motivation zieht Motivation an.

IRDISCHES PROBLEM

**Du hast alles, was du brauchst,
bist aber trotzdem nicht richtig glücklich.**

UNIVERSUMSLÖSUNG:

Weißt du, warum? Weil das wirklich echte, tiefe Glücklichsein nicht aus dem Haben kommt, sondern aus dem Sein. Es kommt nicht darauf an, was du hast, sondern ob du du selbst sein kannst. Den eigenen Herzensweg gehen, das macht richtig glücklich.

DIE RICHTIGE VORSTELLUNGSTECHNIK:

Verbinde dich mit deinem Herzen und stell dir dann die Frage aller Fragen: Was genau macht dich glücklich? Was ist dein Herzenswunsch? Wenn du die Antwort weißt, dann stell dir vor, wie du mitten in der Erfüllung deines Herzenswunsches lebst.

Tue immer, was dein Herz dir sagt – das ist der einzige Weg zum Glücklichsein.

DIE PASSENDE UNIVERSUMSFORMULIERUNG:

Liebes Universum,
ich bin der glücklichste Mensch der Welt.
Mein Herz hat mir mein Glück gezeigt.
Danke, für dieses Glück.

DIE PASSENDEN UNIVERSUMSWORTE:

Danke, Glückserfüllung, Herz

Und der passende Universumssatz:
Ich tue immer, was mein Herz mir sagt.

Folge den Dingen, die dir Freude machen. Darin steckt der Weg zu deinem Glücklichsein.

Ein paar Worte zum Schluss

Jetzt hast du erlebt, wie du es schaffen kannst, dich immer wieder in den Universumsmodus zurückzubringen – egal, welches Problem, welche Sorge dir auch gerade begegnet. Es gibt Millionen Probleme oder – wie ich sie lieber nenne – Hindernisse, aber es gibt zum Glück auch immer eine Lösung.

Und diese Lösung funktioniert stets nach dem gleichen Prinzip: die Kraft der Visualisierung + die passende Universumsformulierung + die richtigen Universumsworte und natürlich, ganz wichtig, unsere Universumsspielchen.

Ich muss sagen, dieses Universum erstaunt mich immer und immer wieder. Nachdem ich z. B. die einzelnen Spiele beschrieben hatte, hat mir das Universum jedes Mal genau das geliefert! Das war absolut erstaunlich. Ich hatte das ja gar nicht explizit für mich bestellt.

Aber egal, ob Komplimente, Freude, Zeichen, Lachanfälle – was auch immer es war: Kurze Zeit später hat das Universum mir das geliefert. Ist schon wirklich süß, dieses Universum.

Aber zurück zu unserem Lösungsprinzip: Dieses Prinzip kannst du auf alle deine Probleme anwenden – und du musst auch auf nichts warten. Du kannst sofort damit beginnen.

Diese Art, an Probleme heranzugehen – oder besser: an die Lösung heranzugehen –, hat eine erstaunliche Wirkung: **Die Probleme lösen sich auf** ... Das Wort Lösung kommt ja vielleicht sogar von auflösen – oder umgekehrt.
Und weißt du auch, warum sich deine Probleme dann auflösen? Weil wir durch diese Art unsere eigene Energie auf einem hohen Energielevel halten können und uns nicht runterziehen lassen.

Neulich hat jemand gemeint, in die Vorstellung einzutauchen, also in die Visualisierung, das wäre doch quasi eine Flucht vor der Wirklichkeit. Aber es ist genau das Gegenteil! Wir bringen uns damit in den Gestaltungsmodus, in das »Vor-Fühlen«. Statt frustriert zu sein, fühlen wir Vorfreude. Und du kennst ja das Gesetz der Anziehung oder der Resonanz: Du wirst in dein Leben ziehen, was du aussendest. Das bedeutet also: Frust zieht nur weiteren Frust an. Probleme ziehen mehr Probleme an. Vorfreude dagegen zieht Freude an. Vorfreude zieht die Lösung an. Was ist besser?

Ich wünsche uns allen, dass sich all unsere Probleme auflösen ... Weg damit! Und her mit der Freude!

ÜBER DIE AUTORIN

Die Bestsellerautorin Anjana Gill, ge-
boren in Bonn, hat nach ihrem Abitur
und anschließendem Betriebswirt-
schaftsstudium, Schwerpunkt Textil,
als Geschäftsführerin und selbststän-
dige Unternehmerin in der Mode-
branche gearbeitet.
Inzwischen hat Anjana Gill zahlrei-
che Bücher erfolgreich veröffentlicht und sich als Expertin
für Angelegenheiten zwischen Mensch und Universum
einen Namen gemacht.

Für Anjana Gill liegen Zauber und Erfüllung unseres Lebens
darin, sich nicht von den oberflächlichen Dingen dieser
Welt in die Irre leiten zu lassen, sondern die wirklich span-
nenden und aufregenden Geheimnisse zu entdecken.
Seit Jahrzehnten beschäftigt sie sich leidenschaftlich damit
zu zeigen, dass es eine aufregende Verbindung zwischen
Mensch und Universum gibt.

Ihr Motto: Alles ist möglich – wenn du mit dem Universum zusammenarbeitest.

Es gibt eine Verbindung, die unser irdisches Leben mit den scheinbar unbegrenzten Möglichkeiten des Universums vereint – spannend, aufregend, magisch, erfolgreich.

Wir und das Universum – da geht was ...

Mach mit – sei dabei!

Folge mir auf Instagram, Facebook und YouTube:

- gillanjana
- Anjana Gill Sprechen Sie Kosmisch
- Anjana Gill
- www.anjanagill.de

DIE BESTSELLER VON ANJANA GILL

208 Seiten, 2-farbig, broschiert
ISBN 978-3-89845-610-4
€ [D] 12,00

Anjana Gill

Danke, liebes Universum

95,7% Wunscherfüllung

Du und das Universum – da geht was!
Es funktioniert tatsächlich. Absolut faszinierend.
Das Universum erfüllt Wünsche.
Seit ich angefangen habe, das Universum zu 'testen', kann ich nur noch lachen, staunen und mich freuen. Es ist fast unglaublich, was auf einmal alles möglich ist.
Die Frage ist jetzt doch nur noch: Wird das Universum auch deine Wünsche erfüllen?
Ja, klar wird es das.
Locker und mit viel Witz zeigt dir Anjana Gill, wie auch du deine Wünsche vom Universum erfüllt bekommst.
Und am Ende bleibt nur zu sagen: We love the universe.

176 Seiten, farbig, gebunden
ISBN 978-3-96933-019-7
€ [D] 16,00

Anjana Gill

77 Lifehacks zur Wunscherfüllung

Tipps & Tricks: Erfolg mit dem Universum

Was immer auch dein Wunsch ist – es gibt 77 Tipps und Tricks für eine schnelle Erfüllung, die du unbedingt kennen solltest.
Anjana Gill zeigt dir diese Tipps und auch, welche Fallen und Hindernisse du unbedingt vermeiden solltest, die deine Erfüllung bisher vielleicht verhindert haben.
Nimm dieses Buch einfach in deine Hände und frage, was du gerade beachten sollst – und nun schlage eine Seite auf. Jetzt kann die Erfüllung nichts mehr stoppen – nicht einmal deine alten Glaubenssätze.
In 3 Monaten sieht deine Welt ganz anders aus.
Du und das Universum – jetzt ist alles möglich.
… für alle, die wissen, was sie wollen.

144 Seiten, 2-farbig, mit Farbteil,
broschiert
ISBN 978-3-89845-642-5
€ [D] 12,00

Anjana Gill

Du und das Universum – da geht was!
Dein persönliches Wunscherfüllungsbuch

Das kreative Notizbuch zur Erfüllung deiner Wünsche!
Schreib es auf! Kann es sein, dass das Geheimnis hinter der Wunscherfüllung das Aufschreiben ist? JA! Aufgeschriebenes erfüllt sich besser und schneller.
In diesem magischen Wunscherfüllungs- und Manifestationsbuch zeigt Anjana Gill dir Beispiele aus ihrem eigenen privaten Wunscherfüllungsbuch. Sie gibt wertvolle Tipps zur erfolgreichen Formulierung, der Gestaltung einer zum Wunsch passenden Collage und sie zeigt dir Wunscherfüllungsbeschleuniger. Schreib deine sehnlichsten Wünsche hier hinein – der Erfolg wird dich begeistern. Fast alles ist möglich – aber das bleibt unter uns. ☺

224 Seiten, 2-fbg., broschiert
ISBN 978-3-89845-654-8
€ [D] 15,00

Anjana Gill

Sprichst du schon kosmisch?
Deutsch – Kosmisch, Kosmisch – Deutsch

Kosmisch leben ist der ultimative Durchbruch zu einem völlig neuen Lebensgefühl. Wünsche waren gestern, Erfüllung ist heute.
Anjana Gill entschlüsselt den »Geheimcode« für die Zusammenarbeit mit dem Universum. Und die Zeichen, die das Universum uns schickt, sind nicht länger rätselhaft.
Begeistert stellen wir fest: Ja! Das Universum und wir – wir können die gleiche »Sprache« sprechen und so die Türen zu einem unfassbar schönen Leben öffnen.
Bisher hieß es: Das Leben ist anstrengend. Auf Kosmisch wird daraus: Ich bin ein Glücksmensch.

256 Seiten, Klappenbroschur
ISBN 978-3-89845-617-3
€ [D] 12,00

Manfred Mohr

Deine Zahlen – deine Sterne

... sich selbst erkennen – andere verstehen

Jeder von uns hat doch einen schwierigen Chef, merkwürdige Kollegen oder eine Schwiegermutter, mit der der Umgang manchmal kompliziert und herausfordernd sein kann. Mit Hilfe der 108 Charaktertypen kann es auf einfache Weise gelingen, das Verhalten dieser Menschen besser zu verstehen und leichter mit ihnen umzugehen.

»Deine Zahlen – deine Sterne« lädt ein zur humorvollen Selbsterkenntnis und entspannten Akzeptanz der eigenen Stärken und Schwächen – dicht gefolgt von der wachsenden Fähigkeit, deine Mitmenschen wie dich selbst immer mehr mit einem Augenzwinkern so nehmen zu können, wie wir nun einmal sind.
Mit vielen prominenten Beispielen.

128 Seiten, 2-farbig, Flexocover
ISBN 978-3-89845-584-8
€ [D] 12,95

Jessica Lütge

Alles, was du über dich wissen musst

222 Fragen zum Ausfüllen und Staunen

Jeder von uns hat in seinem Leben schon unzählige unwichtige Fragen beantwortet. Doch was ist mit den wirklich wichtigen Fragen? Denen, die tiefer gehen, die zeigen, was uns ausmacht und wer wir tatsächlich sind?
Jessica Lütge schöpft aus ihrer psychologischen Praxis und hat 222 Fragen formuliert, deren Antworten erstaunliche Selbsterkenntnisse zutage fördern. Man lernt sich so von einer Seite kennen, die einem bisher verborgen blieb.
Entdecke dein neues Leben und sei neugierig, was in der nächsten Zeit alles passiert.

224 Seiten, durchg.farbig, broschiert
ISBN 978-3-89845-406-3
€ [D] 19,95

Seena B. Frost

SoulCollage® – Kreativbilder deiner Seele

Das neuartige Arbeitsbuch zur Selbstfindung

SoulCollage® ist die neue, sehr kreative Art, sich selbst besser kennenzulernen. Alles, was Sie dafür brauchen, ist eine Schere, Fotos oder ein paar Magazine und Klebstoff. Seena B. Frost hat mit SoulCollage® eine ungewöhnlich individuelle Methode entwickelt, um Bilder Ihrer Seelenlandschaften zu schaffen.

Die kreierten Seelencollagen spiegeln unseren ganz persönlichen Archetypus wider und geben uns die Möglichkeit, unserer eigenen, intuitiven Weisheit zu lauschen, die durch die Bilder der Karten auftaucht. Und so entdecken wir unsere Seele mit ihren Schatten sowie ihren angeborenen Fähigkeiten und können unsere Ziele im Leben erfolgreich verfolgen.

96 Seiten, farbig mit Abbildungen, broschiert
ISBN 978-3-89845-666-1
€ [D] 8,00

Klaus G. Lieg

Entspannung auf den Punkt gebracht mit der Akupressurmatte

Das 4-in-1-Konzept für wirkliche Tiefenentspannung!
Beruflicher Druck, Verkehrslärm, Zeitnot oder emotionale Belastungen sind allgegenwärtige Stressquellen. Umso wichtiger ist es, aus diesem krankmachenden Kreislauf auszusteigen und ein Gegengewicht zu schaffen.

Klaus G. Lieg beschäftigt sich seit über 30 Jahren mit dem Thema psychische Belastung und mit verschiedensten Entspannungstechniken. Er zeigt dir, wie du mit der innovativen Kombination aus klassischen Entspannungstechniken mit der Akupressurmatte endlich Ruhe und Entspannung findest, psychische Beschwerden linderst, seelische oder körperliche Blockaden auflöst und neue Kraft tankst.

Weiterführende Informationen zu
Büchern, Autoren und den Aktivitäten
des Silberschnur Verlages erhalten Sie unter:
www.silberschnur.de

Natürlich können Sie uns auch gerne den
Antwort-Coupon aus dem beiliegenden
Lesezeichenflyer zusenden.

Ihr Interesse wird belohnt!